STAFF PSYCHOLOGICAL MANAGEMENT
OVER HUMAN
RESOURCE MANAGEMENT

▶▶ 管理的根本在于管人心，管理的境界是无为而治 ◀◀
管好了人心，才能人尽其才

管事先管人，
管人要管心

三流的团队管事，二流的团队管人，一流的团队管心

❘▶ 谢国计◎著 ◀❘

成都时代出版社
CHENGDU TIMES PRESS

图书在版编目（ＣＩＰ）数据

管事先管人，管人要管心 / 谢国计著. -- 成都：
成都时代出版社，2018.1
ISBN 978-7-5464-1928-2

Ⅰ.①管… Ⅱ.①谢… Ⅲ.①企业管理－人事管理
Ⅳ.①F272.92

中国版本图书馆 CIP 数据核字(2017)第 230537 号

管事先管人，管人要管心
GUANSHI XIAN GUANREN GUANREN YAO GUANXIN

谢国计 著

出 品 人	石碧川	
责任编辑	周　慧	
责任校对	张　旭	
装帧设计	天下书装	
责任印制	唐莹莹	

出版发行　　成都时代出版社
电　　话　（028）86742352（编辑部）
　　　　　　（028）86615250（发行部）
网　　址　www.chengdusd.com
印　　刷　三河市华东印刷有限公司
规　　格　880mm×1230mm　　1/32
印　　张　9
字　　数　200 千
版　　次　2018 年 1 月第 1 版
印　　次　2018 年 1 月第 1 次印刷
书　　号　ISBN 978-7-5464-1928-2
定　　价　49.00 元

曾有一位企业家说："过去管理企业我主要管事，可永远有管不完的事，每件事情都需要我决策，每项工作都需要我把关。虽然我不一定比别人专业，但由于我是公司老板，是企业创始人，因此，我必须这么做。可是，我并没有取得满意的管理效果。"后来，这位企业家意识到自己的能力是有限的，他发现自己的做法很愚蠢，事必躬亲是无法把企业做强做大的，必须通过管人达到管事、经营企业的目的。

这位企业家的一番话揭示了很多管理者的通病：不信任下属，事必躬亲，不懂得授权。其实说到底，是习惯于"管事"，而不懂得"管人"。然而，企业在发展过程中，事情层出不穷，管理者纵然有三头六臂，也难以应付过来。因此，与其"管事"，不如"管人"——管好几个重要的部属，授权给他们，让他们有充分的权限替你分忧，有充分的自由发挥自己的聪明才智。

那么，怎样管理好部属，又怎样才能充分调动部属和员工们的积极性呢？如果只是单纯地"管人"，恐怕难以奏效。世界上优秀的管理者善于通过"管心"来达到"管人"的目的。这里所说的"管心"，其实是通过非权力影响力来赢得员工的心，使他们感觉受到领导的信任和器重，使他们有机会发挥自己的才能，并从企业获得所期望的薪酬，这样他们才愿意留在企业。

综上所述，管事先管人，管人要管心。身为管理者，应该弱化权力影响力，强化非权力影响力。比如，通过自身的人格魅力、领袖气质、以身作则的品质去影响员工；通过对员工表达关心、信任、理解和支持，赢得员工的忠心；通过感情投资、金钱奖励、职位匹配等，让员工感受到认可，满足其自我实现的心理需求。

在这个经济迅猛发展的社会，在这个竞争异常激烈的年代，人才对企业的重要性不言而喻。如果企业想留住人才，让他们为企业的发展出谋划策、做出贡献，就必须重视人才，秉着"以人为本"的管理理念，通过人性化管理来赢得人心。

伟大的思想家孟子在两千多年前就说过："得人心者得天下。"企业要想获得长足的发展，必须在赢得人心的基础上，将人才的价值最大限度地发掘出来。所以，优秀的管理者深深懂得：管事先管人，管人要管心。如果你想成为优秀的管理大师，想把企业经营得更加繁荣，就从现在开始、从"心"开始吧，努力做一个"管心"高手。

STAFF PSYCHOLOGICAL MANAGEMENT
OVER HUMAN
RESOURCE MANAGEMENT

目录

上篇　攻心为上，管人要管心

下篇　三分管人，七分做人

STAFF PSYCHOLOGICAL MANAGEMENT
OVER HUMAN
RESOURCE MANAGEMENT

上　篇

攻心为上，管人要管心

---

001. 管人是管理之本，管心是管人之本

有人说，"一个日本人是一条虫，三个日本人是一条龙"。这种说法虽然有些夸张，但用来形容日本人忠于企业、忠于团队还是比较贴切的。在日本，很多员工把公司当成家，视企业如生命，与同事能够精诚合作，当企业遇到困难时，大家抱成一团，共同克服危机。

为什么日本人能做到这些呢？其实，这与日本企业的管理哲学有很大关系，日本企业推崇以人为本的管理哲学，各大公司对员工普遍实行终身雇佣制、年功序列制、企业内工会等制度，把员工的利益和企业的利益捆绑在一起。试问，为公司创造利润，就是为自己创造利益，谁不愿意努力工作呢？

以人为本的管理哲学，主要体现于管人管心，那就是充分尊重员工，把员工当作企业最重要的资源，根据员工的能力、特长、兴趣、心理状况等综合情况，给员工安排最合适的工作，并在工作中充分考虑员工的成长和价值。这样就能很好地调动员工的工作积极性、主动性和创造性，从而提高工作效率，为企业创造利润，为企业发展做出最大的贡献。如果员工

的价值得以体现，需求得到满足，他们才会真心真意地拥护企业。

著名人力资源专家李诚多次在培训课程中告诉创业者："管人管事不如管心。"他认为，企业如果单纯地用管理学来管人，是很难取得理想效果的，还需要用心理学进行干预。在他看来，管心是根本，管心的目的是激发团队的潜能，提升大家的心智，为企业创造更高的利润。

李诚把员工分为四类：一是经济人，即需要金钱满足；二是社会人，即追求信任和理解，在公司工作追求开心；三是追求自我实现，他们有很好的人生观、价值观，只想利用工作这个平台实现自我的价值；四是复杂人，即全方位追求自我，也可以说是前三种需求的综合体。

要想管好这些人，唯有从心灵入手，帮他们做出与企业发展相统一的职业规划，让他们既能赚到钱，又能快乐地工作，还能实现自我的价值。在这个规划中，要倡导终身雇佣，倡导自我学习和提高，倡导平等竞争的理念，让员工和企业一同成长和发展。

对企业管理者而言，只有管住了人，才能把企业管理好，而要管住人，最好的办法是管住人的心，即要采用以人为本的策略，真正赢得人心。这就要求管理者有识人心的能力。

俗话说："画龙画虎难画骨，知人知面不知心。"要想读懂人心，就要掌握心理学技巧和攻心方法，懂得感情投资。作为管理者，要做有心人，也许从下属一个无意识的动作、一句不经意的话语中，你就能看出其内心的本意。然后，采取最贴心的关怀、最有力的说服、最有效的激励。只有这样，才能激发员工的潜能，让工作变得更有效率，让业绩有更大的提升。

管理心得

管人、管心要求企业管理者学会读懂人心，学会激励人心，学会感情投资，满足员工的物质和精神需求，帮助员工提供实现自我价值的合适的平台，让员工最大限度地发挥自己的能量。

002. 一个管理大师首先应当是一位心理大师

同是管理者，为什么不同的管理者所取得的管理效果差别那么大呢？有些管理者三言两语就能笼络人心，让下属甘愿为其卖命；有些管理者大费周折搞薪酬奖励，却遭到下属背后议论、抱怨。为什么会这样呢？其实，这与管理者是否懂员工的心理有很大的关系。

作为管理者，应该了解人心、了解人性，确切地说，真正优秀的管理者，应该是一位心理学高手、心理学大师。因为只有懂人的心理，才能想人之所想，才能了解别人的思想动态，从而制定行之有效的激励策略，制定顺乎民意的管理制度，并在交际和商战中运筹帷幄，为公司制定有效的战略，为公司创造利润。

樊经理是深圳一家企业的老板，每到春节临近时，他都会提前半个月给员工放假，他说："员工离家一年了，每逢春节倍思亲，因为家中有年迈的父母，有妻子和儿女。我知道他们回家心切，因为我也是从上班族一路走过来的，所以，我宁愿提前放假半个月，工资照发，也要让他们过一个安心的年，来年再回来，为公司创造价值。"

樊经理的做法与很多企业老板有很大的不同，因为很多公司到了年底，处于生意旺季，订单数额巨大，这个时期需要加班加点地完成客户的订单。有些企业甚至不给员工放假，或到了除夕将至时才放假，到那个时候，员工买票非常难，回家过年变成了一件犯难的事情。员工一年到头，最期盼的是回家过年，年都过得不安心，怎么让他们对公司有好感呢？

樊经理的做法虽然对企业会造成一定的损失，但是却赢得了员工的心，公司员工离职率在同行业中居于最低行列。公司人员稳定，公司在人事招聘方面就少了很多麻烦，减少了很多成本。最关键的是，员工对企业充满认同感，工作积极性、工作效率非常高，为企业创造了高额的利润。

管理最关键的是管人，管人最关键的是管心，而管心的前提是必须懂心理学，不懂员工的心理，就不可能成为出色的管理者。怎样才能了解员工的内心呢？最简单、最有效的办法就是换位思考，把自己当成一名员工，或回想自己当年是一名普通员工时有什么样的心理，这样你就能清楚地知道员工的心理动态了。

管理心得

　　企业管理是一门需要看人、识人、用人、御人等综合能力的高深艺术，只有懂心理的管理者才能激发员工的潜能，最大限度地发挥员工的价值。

003. 不吝关爱，"爱心"比"拳头"更管用

　　人非草木，孰能无情，更何况是与你朝夕相处的下属呢？因此，如果你能关爱下属，而不是对下属挥舞着"拳头"、骂骂咧咧，那么下属就愿意服从你的领导。尤其是当下属有过失时，如果你能宽大为怀，那么就很容易感动下属，使他尽职尽责地为公司效力。

　　汉宣帝刘询执政时期，丙吉是当朝的丞相。他的属下有个车夫，非常爱喝酒，喝醉之后，行为也不检点。有一次，他喝酒之后驾车护送丙吉外出，途中在车上呕吐。相府总管得知此事后，痛骂车夫一顿，还准备将他辞退。丙吉却说："他如果因为醉酒失事而遭辞退，还有哪里收容他呢？总管忍忍吧，不过就是把车上的被褥弄脏了罢了。"不仅如此，丙吉还主动关心车夫的身体状况，问是否需要停下来休息。这件事让车夫非常感动，从此之后，他发誓不再过度饮酒。

　　一天，车夫出门时，看见一个驿站骑手拿着一个奇怪的口袋，好像是送紧急文书的。于是，他上前打听，经过一番询

问，得知边疆遭到敌人的侵犯，于是迅速把这件事报告给丙吉。丙吉马上召集一些官员，组织军队收服边疆。不久后，汉宣帝召见丞相和御史大夫，询问敌人入侵情况，丙吉一一作答，御史大夫什么也不知道，最后被降职了，而丙吉因守护边疆有功，得到了皇帝的褒奖。

从这个故事中，我们可以看出，作为领导者，一定要心怀仁慈，心胸开阔。对待属下的小过错，不要太过苛责，怀着一颗关爱之心去宽容他、原谅他，更能促其改正错误，尽职效忠。

同样的道理，在企业管理中，管理者关心员工、帮员工解除后顾之忧，也是调动员工积极性的重要方法。比如，当了解到下属家庭遇到困难时，给予下属安慰、鼓励和适当的帮助。当下属或其家人生病了，抽出时间去探望、慰问一下，或准下属几天假，让他好好休息，好好陪护家人。

不要认为这些是小事就不去重视，要知道，这些小事往往最能打动下属，最能收服人心。这些不仅能够感动当事者本人，还能让其他下属看到管理者对下属的爱护，从而体会到公司对员工的尊重。

管理心得

管理者必须将下属的幸福和感受常记于心间，怀揣着爱心对待他们，但这并不是指那种长辈对孩子的溺爱，而是指在体贴关怀下属的同时，又要严格要求他们，让他们按公司的制度行事。

004. 恩威并举，让员工既服从又感激

作为企业的管理者，说话小事都要有章法，在处理事情方面，要有手段，有技巧，这样才能让员工既服从你又感激你。这其中重要的一点就是恩威并举，既对员工施予恩惠，又对员工晓以利害，必要时严厉惩处，所谓一手软、一手硬，软硬兼施，让员工不得不乖乖臣服，同时还对你感恩。清代著名的"红顶商人"胡雪岩把这一招运用得非常绝妙，让下属们佩服得五体投地。

很多人都知道，胡雪岩的生命中有两个贵人，分别是王有龄和左宗棠。但其实在他遇到这两个贵人之前，他还遇到过一个贵人，这个人就是阜康钱庄的于老板。胡雪岩给于老板打工，在于老板的栽培下，胡雪岩得到了很好的锻炼。于老板就像胡雪岩的父亲，他临死之前，将阜康钱庄托付给了胡雪岩。

胡雪岩处理完于老板的丧事之后，又花了两个多月的时间祭奠他，前前后后总共花了三个月时间。三个月后，他回到钱庄，马上召集大家开会："于老板走了，大家都很伤心，我守孝三个月，虽然在这段时间内，我没有过问具体的事情，但大家这三个月做了什么，怎么做的，我都心知肚明，有些人趁机偷懒，我也知道，但是我不为难大家，只希望大家跟着我好好干。从今往后，每个人的年资在目前基础上增加10%。"看似

平常的一番话，充满了恩与威，既震慑了偷奸耍滑者，又笼络了人心。

在用人、驾驭人方面，胡雪岩可谓一绝。他收服人心最常用的方法就是恩威并举，对于软角色，他会先给其好处，让他们感激涕零，然后又暗中晓以利害，让对方知道自己是个"狠"角色。这样一来，对方就不会欺负他是个心软的人。对于狠角色，胡雪岩会先给他们下马威，不断地逼对方，直到把他们逼到绝路上，然后突然收起"大棒"，拿出"胡萝卜"，这时那些狠角色往往心悦诚服，不敢再有二心。

管理心得

无论是对员工恩赐或威吓，都需要兼而有之，二者缺一不可。如果一味地实行其中一种政策，就会有失偏颇。因为一味地赏赐会宠坏员工，而一味地强行打压会挫伤员工的信心，甚至激起员工的反抗情绪。

005. 以心换心，用你的诚心换别人的真心

曾看到这样一篇新闻报道：

2000年冬，陕西长安县的一对老夫妻在冰天雪地中救了一只可怜的小猴子。由于小家伙胃口特别好，吃的东西特别多，贫穷的老夫妻只好在它身体恢复之后，把它送回山里。没想到，小猴子又跑回来了，但是小猴子并不白吃，而是回来报

恩的，它白天跟着主人去放羊，期间还去山上找野果。有一次，遇到了黑熊袭击羊群，小猴子利用自身的灵活性与黑熊搏斗，最后赶走了黑熊。后来，小猴子留在老夫妇家里，成了他们放羊的得力帮手。

从这个报道中，我们可以看到动物的"同态心理"。所谓同态心理，是指用别人对待自己的态度去对待别人，也就是说，以心换心，以德报德。动物尚且有如此感恩之心，作为有着聪明才智和思想情感的人类，更应该学会以心换心、以情换情。

身为企业管理者，如果想赢得员工的真心，就必须让他们看到你的诚心。要知道，下属需要关怀，需要尊重，需要帮助，需要赞美，只要管理者主动付出诚心，就能赢得下属的感激和回报。小到一次简单的请客吃饭，不经意间的嘘寒问暖，大到一次雪中送炭的鼎力相助，都有利于赢得下属的好感，激发下属的工作积极性，获得下属对公司的真心回馈。

常言道："滴水之恩当涌泉相报。"这句话形象地表达了人的心理特征。当你扶助、善待下属之后，你将换来下属的尊重、认同、配合、积极负责。作为管理者，不就是希望下属服从命令、听从指挥，在下属心中有威望吗？不就是希望下属在自己的带领下，坚决贯彻执行公司策略吗？所以，学会设身处地地为下属着想，将心比心地关心、爱护下属吧，你的诚心将换来下属的真心拥戴。

管理心得

"人心换人心"这是一个很简单的道理，如果你想得到下属的真心回报，那么一定要诚心诚意地对待下属。如果你对下属虚情假意，那么你绝不会换来下属的真心相待。

006. 赢得人心，仁义比金钱更有效

说到赢得人心，还得提到清代著名的"红顶商人"胡雪岩，他既能在官场混得开，又能在商场中混得来，靠的就是"仁义"二字。在他看来，仁义比金钱更有效，有时候，他宁愿舍弃千金，也要留住人才，留住人心。

胡雪岩对待员工讲究仁义，对待顾客也懂得用仁义收买人心。胡庆余堂开张初期，胡雪岩经常穿着官服、头戴花翎、胸挂朝珠，热情地接待顾客。有一次，有位顾客来胡庆余堂买了一盒胡氏辟瘟丹，拿到药之后，打开一看，露出了不满意的神情。一旁的胡雪岩见状，赶忙过来查看，见药有欠缺之处，他向顾客再三致歉，然后让店员给顾客换新药。不巧的是，当天的辟瘟丹已经卖完，胡雪岩考虑顾客远道而来，便让顾客留下来住几天，并保证三天之内，一定会把新药赶制出来。三天后，胡雪岩兑现了诺言，把新配制的辟瘟丹给了顾客。顾客非常感动，他没想到胡大官人服务这么周到，后来，他到处宣扬胡雪岩的仁义待客之道，给胡庆余堂做了很好的广告。

从胡雪岩的故事中，我们看到了他的仁义。他不仅对员工仁义，对待客户也诚意相待，真正把顾客当成了上帝。在当时那个年代，能做到这一点真的非常不容易，难怪胡雪岩能把生意做得那么大。

管理心得

与胡雪岩经商的道理一样，作为企业管理者，要想把公司经营强大，也需要通过仁义赢得员工的心、客户的心。仁义就像一块充满美誉的广告牌，可以提升管理者的形象，提升企业的形象，可以给企业带来无限的财源。

007. 新老员工一视同仁，切忌厚此薄彼

有些企业管理者对待新老员工时厚此薄彼，对老员工偏袒、厚爱，对新员工冷漠、苛刻。这种截然不同的态度很容易增加新员工的心理负担，引起新员工的不满。在利益分割时，管理者如果不能一视同仁、平等对待，就会在无形中使下属之间产生心理隔阂，不利于新老员工之间和谐相处以及团队建设。

有个网友在网上发帖子发泄内心的不满，帖子的内容大致是这样的：

到今天为止，我来公司有两个月了，有些同事比我来公司还晚，甚至有刚来的，对于我们这些未转正的员工，公司给予

的福利待遇与老员工的有很大的不同。这不，中秋节来临，公司通知了中秋福利的规定：老员工（入职一年以上）每人一桶花生油，一箱苹果，一箱牛奶；新员工只有一桶花生油。

在帖子中，该网友大发不满，他怎么也想不明白，同是公司的员工，为什么公司所给的福利却相差很大，为什么公司不能一视同仁地对待新老员工呢？尽管自己入职不久，但踏入公司门一天，也是公司的人，也为公司做一天的事……

这位网友说得很好，鉴于此，企业有什么理由不一视同仁地对待新老员工呢？原本发放福利是一种激励策略，但因为福利发放不公，造成了新员工不满。作为企业管理者，怎么能允许这种情况存在呢？

公司是一个团队，身为管理者，你应该时刻想到如何维护团队的团结，如何激励全体的士气，任何决策的出台，都应本着团结人心的目的。对于公司的新员工而言，他们是公司的新鲜血液，他们的加入可以对老员工形成挑战，让他们不至于故步自封，让他们保持进取和赶超的精神。新员工就像一潭活水，可以调动整个团队的氛围。可以说，新员工的作用是不可估量的。

身为管理者，一定要重视新员工，协调好新员工与老员工之间的关系。只有一视同仁，平等对待新老员工，才能营造公平公正的团队氛围，才能使新员工迸发出激情，更加努力地工作，这样，新老员工才能融为一体，共同努力和进步，这样的团队才能充满战斗力。

管理心得

新员工、老员工，都是公司的员工，管理者一定要一视同仁地对待他们，切不可因为不公平对待，导致他们产生隔阂，影响团队和谐。

008. 帮新员工获得团队归宿感

每个企业在发展过程中，都会不断迎来新鲜的血液——新员工。新员工进入公司之后，面临陌生的环境、陌生的同事、陌生的公司制度和企业文化，怎样才能快速融入进来，获得归属感呢？在这个过程中，管理者要做些什么呢？

盛大游戏有限公司首席技术官朱继盛说："在我看来，培养新人的团队归属感，核心思想只有一点：给每一个员工以机会，帮助他找到自己的舞台，施展自己的才华。"朱继盛认为，一个人只有找到了自己的舞台，他才会觉得心安，他才能获得满足感，这是无论多少金钱都换不来的。而这才是真正找到团队归属感的灵魂所在，甚至已经超越了"归属"的简单概念。

换言之，管理者要善于发掘新员工的专长，给他提供发挥专长的机会。这就要求给员工安排符合他兴趣爱好、优势特长的工作内容。如果新员工工作一段时间后，对其他项目比较感兴趣，而那个项目也恰好需要人，管理者就可以将他安排到那个项目上去，让新员工在自己喜欢的工作上发挥聪明才智，这样有利于他获得成就感。

北京某科技发展有限公司副总裁兼 CTO 胡先生说："无论你现在是何年龄、何阶层、何职位，一定都曾当过职场'新人'。想想自己第一天进入公司的心情，是兴奋、惶恐、不安，还是自信满满呢？或许都有一些吧！对于新员工的团队归属感建设，首先必须给他安全感，让他感觉自己受到了大家的照顾和重视，这样他才会觉得安心。"

怎样才能让员工获得照顾和重视呢？胡先生给出了一个很好的建议：在新人进入公司时，给他安排一个资深员工担任他的"师父"，引领他来适应公司的环境，了解公司的制度、考核、企业文化，一步步带领新人走进他所属的团队。

在工作过程中，新人遇到任何不懂的问题，都可以向"师父"请教，"师父"针对"徒弟"不懂的问题，进行针对性的解惑与辅导，甚至教他如何在团队中与他人相处，如何求同存异，如何发挥自己的战斗力，让"徒弟"感受到整个团队带给他的支持与鼓励。这样，"徒弟"就会渐渐对团队产生认同感，最终激发出他对团队的归属感。

管理心得

新员工进入企业后，企业要想办法帮他们融入企业，让新员工在理解企业文化的同时，尽力寻找自己的团队归属感，这样他们才会从心理上把企业当做自己的"家"，并产生主人翁意识，认真对待工作，为企业贡献自己的一分力量。

009. 不能把资历同能力画等号

管理者在用人时，要特别注意一点：不能把资历同能力画等号。在企业内部，要克服只看资历、不问能力的论资排辈的做法。因为资历只是年限和实践经验的一种反应，并不代表能力。因此，千万不要认为资历越高，经验就越丰富，能力就越强。

有一个机构曾对 1500 年到 1960 年，世界 1249 名杰出科学家及他们的科研成果进行统计，发现他们大部分年龄在 25 岁到 45 岁。还有人统计了 301 位诺贝尔奖的获得者，发现 35 到 45 岁的获奖者占 40%。由此可见，年龄不是衡量人才能力的唯一指标，因此，决不能把资历与能力画等号。

1970 年，麦当劳快餐进入法国，并以惊人的速度扩张，平均每半个月就新开设一家分店。在这种情况下，用人量大增，为了解决企业用人问题，麦当劳公司在招聘人才方面不拘一格，只要有能力，公司就会给他们合适的位置。

在招聘的人员中，既有刚毕业的年轻人，也有在其他地方工作过、具有一定经验的中年人。所有通过考核的求职者，均要在餐店里实习，以熟悉未来的工作环境。经过三天的实习，公司会与求职者进行第二次面试，再确定是否录用。

进入麦当劳之后，无论你以前从事何种工作，必须当 4 ~

6 个月的实习助理，以熟悉各部门的业务。然后，才有机会升为二级助理，再升为一级助理，即成为经理的左膀右臂。进入麦当劳的新人经过平均 2~3 年就可以成为快餐店的经理。在麦当劳，有能力才有晋升的空间。

同样是初出茅庐，诸葛亮能一鸣惊人，赵括却在纸上谈兵。由此可见，资历与能力不能画等号，有些资历老的人，有的有雄才大略，有些却是货真价实的庸才。因此，不要用资历去评判人才。

管理心得

企业用人，应该重视人才的能力，而非资历。很多管理者喜欢根据人才的资历推断人才的能力，这是不科学的。如果你想知道人才的能力，不妨给他机会，让他在实际工作中展现自己，这样一来，对方是否有能力就一目了然了。

010. 用好企业中的"二流人才"

在某地的人才招聘会上，一家美国公司北京分公司居然打出"北大、清华毕业生一概不收"的告示，他们的理由是：公司只需要"二流人才"。尽管这种举动引起了颇多争议，但在招聘会中，"二流人才"受欢迎的现象并不少见。

按理说，毕业于清华、北大等高等学府的人才，应该成为企业的"抢手货"，可为什么很多用人单位宁可要"二流人才"，也不要"一流人才"呢？其实，原因有这样几个：

第一，企业的用人标准已经不讲究毕业的院校、学历、籍贯、年龄，而主要看人的能力。毕业于重点大学、名牌大学的学生，不一定就有真才实学和解决问题的能力。

第二，"一流人才"要求的待遇相对较高，对同样的待遇，一流的人才觉得是理所应得的，而"二流人才"会感到备受重视，进而努力工作。

第三，"二流人才"充满潜力，稍加培养，有可能成为一流的人才。

第四，"一流人才"企业不敢要，因为"庙小留不住人"。

综合上述原因，很多企业在招聘人才时，宁要"二流人才"，不要"一流人才"。事实上，这种现象在美国也有表现，并不是所有的企业都渴望得到哈佛大学毕业的人才。因为哈佛毕业的人才价码太高，鉴于用人成本的考虑，企业更希望用"经济适用"的"二流人才"。因为有些工作，大专生、本科生就能胜任。

管理心得

企业重视"二流人才"，既是对"二流人才"的尊重，也是一种务实的发展态度，从唯文凭论、唯名校论走向唯能力论，这是企业用人的一种进步。

011. 重视那些出身贫穷的员工

在很多企业中，都有一些出身贫穷的员工，对于这些员工，管理者应该关注他们、关心他们。因为通常来说，贫穷的人面临的困难会相对较多，如果企业对他们予以关注，及时给他们帮助，使他们感受到公司的温暖和重视，可以深深赢得他们的心。在往后的日子里，他们定能更加用心地为公司付出。

老干妈麻辣酱的创始人陶华碧，在经营和管理公司的过程中，十分重视关爱员工，尤其是那些出身贫穷的员工。公司里有一名来自农村的厨师，他的父母早丧，家里还有两个年幼的弟弟。可是他特别爱喝酒和抽烟。每个月的工资1000多元，几乎都被他花掉了。

陶华碧得知这一情况后，对这个厨师很是担心。一天下班后，她把这个厨师请到酒桌上，像母亲对孩子一样，和蔼可亲地说："孩子，今天你想喝什么酒，想喝多少酒我都满足你。但是从明天开始，你要戒烟戒酒。因为，家里还有两个年幼的弟弟需要读书，需要你照顾，千万别让他们像我一样大字不识一个。"

一番语重心长的话，触动了这个厨师的内心，厨师当即表示一定会戒烟戒酒。但是陶华碧放心不下，她要求那位厨师每个月只留200元的零花钱，剩余的钱由她代为保管。等到他弟弟上学要用钱时，陶华碧再把钱给他……在陶华碧的关怀下，这名员工开始充满激情地对待工作。

为什么要强调重视那些出身贫穷的员工呢？因为相对而言，出身贫穷的员工在生活中遇到的困难会更多，他们更需要关爱。当他们遇到困难时，如果管理者能够给予重视和帮助，那么无异于雪中送炭。

管理心得

当别人饥饿时，给他一个馒头，远比别人不饿时给他一个肉包子更能打动人心。关心和帮助贫穷的员工就是这么个道理，哪怕你对他们只有滴水之恩，也会让他们铭记。

012. 相信员工能做好，让他们自由发挥

请看下面这个案例：

有一位中国化妆品公司的总经理在分公司视察，看见一位美国调色师正在调口红的颜色，他忍不住走过去问道："这种口红好看吗？"

那位调色师答道："亲爱的总经理，我想告诉你：第一，这种口红的颜色还没有完全定案，定案之后，我会拿给你看，请你现在不要担心；第二，我是一个专业调色师，我有我的专业，如果你觉得你可以调出更好的颜色，你来调吧！我可以下岗了；第三，这个口红是给女人擦的，而你是个男人。只要所

有的女人喜欢擦，你不喜欢也没关系，但如果只有你喜欢，而大多数女人不喜欢，那就完了。"

"Sorry，Sorry……"这位总经理马上道歉。

案例中的总经理随便插了一句话，却干扰了下属的发挥空间，引起了下属的不满。在企业管理中，管理者切记不要过多干涉下属的工作，不要对任何事情都插手，而要给下属留一些自由发挥的空间。因为你不是全才，你不可能十八般武艺样样精通，你所说的不一定对，而下属按照自己的独到见解去行事，也许能把事情做得更好。

管理心得

通常来说，每个员工都是某方面的专才，既然你把工作交给了他，就应该相信他有能力胜任。你可以过问，但不要干涉；你可以提建议，但不要轻易质疑。当然，你更应该多给他们支持和鼓励，这样他们才会把工作做得更好。

013. 用人不疑，是基本的准则

几乎每个管理者都听说过这样一句话："用人不疑，疑人不用。"所谓用人不疑，首先是指对所用之人的能力、人品不存疑虑，敢于把工作交付于他，并坚信他能做好。在被授权者完成这项工作的过程中，无论外界如何质疑，授权者一定要对被授权者保持信任。其次，由于主观的、客观的原因，导致被授权者工作出现失误，授权者对他依然要保持信任，还要继续授权给他，继续重用他。

秦武王攻打韩国时，任命甘茂为主将，甘茂在出发前，对秦武王说："韩国宜阳是一座大城，加上途中有很多艰难险阻，与秦国相差千里，攻打起来恐怕不容易。我真的很担心，我出征之后，会不会有人借此机会诽谤我。"

秦武王说："不会的，你放心地去吧！"

甘茂说："从前，有个与孔子弟子曾参同名的人杀了人，听者以讹传讹，最后传到了曾参母亲的耳朵里。曾母绝不相信儿子杀了人，但是接二连三有人来报告同一件事，她就开始担心起来，于是劝儿子出逃。"

说完这个故事，甘茂接着说："我的人品不如曾参，大王对我的信任也不如曾母对儿子的信任。而且，怀疑我的人不止三个，所以，我很担心，一旦我没有顺利攻下宜阳，就有人进谗言陷害我。"

秦武王听了甘茂的话之后，斩钉截铁地说："你放心，我绝对不会听信谗言，我愿意发誓。"于是，甘茂率军进攻宜阳去了。开战之后，一晃就是五个月，甘茂用了五个月的时间也没有攻下宜阳，这时候有人开始进谗言陷害他。秦武王把甘茂之前对他说的话忘得一干二净，也把自己的誓言忘掉了，他把甘茂召了回来。甘茂非常生气，严厉地质问秦武王："大王难道忘了你的承诺吗？"

这时秦武王才想起之前的承诺，马上改变态度，动员全军支援甘茂。最后，甘茂不负众望，攻下了宜阳。

在这个故事中，秦武王所犯的错误，也是很多管理者常犯的错误。在一开始授权时，信誓旦旦，表示信任下属，一旦下属执行遇到困难，就开始质疑下属的能力。值得庆幸的是，秦武王及时醒悟过来了，但现实中，又有多少管理者迷途知返呢？

信任是管理者与下属之间一种最可贵的感情，管理者用人的前提是信任下属，因为只有信任下属，管理者才放心把工作交给下属。只有信任下属，才能激发下属工作的积极性、主动性、创造性。

管理心得

用人不疑，才能激发员工的责任感和使命感，才能激发员工的潜能。如果你想下属把工作做好，就要信任他，否则，一开始就不要把工作交给他。当然，这并不意味着授权之后没有监督。

014. 巧用感情杠杆，理智与感情并用

"投之以桃，报之以李。"如果管理者懂得运用感情杠杆，巧妙地迎合员工的内心需求，往往会收到丰厚的"回报"。虽然这叫"感情投资"，看起来有些功利，但实际上，它是一种发自内心、诚心诚意的感情付出，因为这种付出包含了尊重、

理解、信任、关心、爱护等等，是一种真实感情的流露，绝非虚情假意，玩弄心计。当然，这种笼络人心的行为包含了真挚的感情，也包含了理智的思考。

战国时期，名将吴起不但骁勇善战，还非常善于笼络人心。他在作战期间，总是与士兵同甘共苦。他和士兵穿一样的衣服，吃一样的食物，睡觉时不铺席，行军时不乘车，还经常主动分担士兵的苦闷。

一次，军中一位士兵生了疮，痛苦不堪，吴起见状，毫不犹豫地蹲下身子，用嘴巴为士兵吸出疮内的脓汁，那位士兵和在场的将士都感动不已。后来，那位士兵忠心地追随吴将军四处征战，以此报答吴起的恩情，最终战死在沙场。

从吴起为士兵吸脓这件事上我们可以发现：巧用感情杠杆，诚心打动士兵，对士兵能产生多大的影响力。同样，在企业管理中，如果管理者能够与下属同甘共苦，处处为下属着想，真心实意地对待下属，还怕下属不忠诚、不为公司的发展竭尽全力吗？

常言道："人非草木，孰能无情。"千金易得，真情难求，尤其是在当今社会，人人追逐利益，人与人之间显得有些冷漠，如果管理者能巧用感情杠杆对待下属，厚养人情、厚施仁义，那么何愁下属不信服管理者、不忠于企业呢？

感情作为人际关系的纽带，存在于管理者与下属之间。这种感情是相互影响的。如果管理者希望下属理解、尊重、信任、支持自己，首先应该去理解、去尊重、去信任、去关心、去爱护下属。要知道，先有投入才会有产出，先有耕耘才会有收获。这就叫："不行春风，哪得春雨。"

管理心得

每个人都希望得到别人的尊重和重视、关心和体贴。这种需求属于情感上、精神上、心理上的，远远高于生理需求。作为管理者，如果你能对下属以诚相待，以情动人，一定能赢得下属的拥戴。

015. 视下属为知己，你更能走近下属

管理者与下属之间的关系是因工作需要而确定的，这种关系远不如朋友关系、知己关系稳固。如果管理者能把上下级关系转变为朋友关系、知己关系，使彼此带着感情去合作共事，相信一定能把工作做得更好。

李先生是某合资公司的总经理，他有一个狂热的爱好——户外攀岩。有一次，俱乐部组织了一次大型的户外攀岩活动，李先生居然无意间碰到了自己的下属张伟。经过一番交谈，他得知张伟也是一名攀岩爱好者。那天活动结束之后，他们在路边摊喝了几瓶啤酒，吃了一顿饭，边喝边聊。

从此以后，李先生和张伟形成了一种奇怪的关系。在公司里，他们是上下级，彼此按规矩办事，绝不讲私情。走出公司之后，他们成了有着共同爱好的朋友知己，经常在周末一起结

伴参加户外活动，两人非常珍惜这种友谊。由于有了这份感情，他们在工作上配合得更加默契了。

身为企业管理者，也许你不一定能和下属有共同的兴趣爱好，也不一定能像李先生那样和下属成为好朋友，但是在心态上你不妨把下属视为知己，对下属表现出接纳的诚意，让下属看到你的认可和欣赏，这样你才能走近下属，才能更好地了解下属的兴趣爱好、思想动态、对公司发展的看法和意见，也才能与下属实现更好地交流。

在工作中，由于你与下属有了一层感情做铺垫，你们配合起来会更加和谐；由于你们对彼此了解较多，你们合作起来会更加顺利。这样一来，有利于把工作做得更好。当然，身为管理者，你在公司中应该有管理者的风范，不要因为和某些下属私交较好，就有意偏袒他们，否则，你将给企业带来一种不公平的风气，会引起其他员工的不满。

管理心得

公司是一个大家庭，各个成员之间，应该成为互相信赖的兄弟姐妹或朋友，这样大家可以开诚布公地交流问题，探讨想法，同心协力地解决问题。值得注意的是，身为管理者，要处理好与员工之间的上下级关系和朋友关系，尽可能做到公私分明，平等对待。

016. 对下属要讲原则，更要讲人情味

在企业管理中，有些管理者按原则办事，却显得没有人情味。有些管理者表现得很有人情味，却放弃了很多原则，使企业内部失去了规矩。如何才能做到既讲原则，又不失人情味呢？这是每一位管理者都应该去思考的课题。

西洛斯·梅考克是美国国际农机公司创始人，也是世界第一部收割机的发明者，被称为企业界的全才。在几十年的经营生涯中，虽几经起落，历经沧桑，但他总能凭借过人的能力，在遭遇挫折之后赢得成功。

在管理公司方面，他有着左右员工命运的权力，但他从来不滥用职权。相反，他懂得为员工着想，既坚持用制度管理公司，又不伤员工的感情。

有一次，公司一位老员工违反了工作制度——酗酒闹事，迟到早退。按照公司的管理制度，他应该受到开除的处分。当管理人员做出这一决定之后，梅考克很快就批准了。

决定公布之后，那位老员工火冒三丈，大叫委屈，他对梅考克说："公司当年债务累累时，是我和你共患难，三个月没发工资，我毫无怨言，今天我犯了一点错误，你就开除我，真的是一点情义都不讲啊！"

梅考克平静地听完老员工的诉说，答道："这里是公司，

公司就要讲规矩。这不是你我两人的私事，我只能按规矩办事，谁都没有例外。"

随后，梅考克了解到那位老员工之所以酗酒闹事、迟到早退，是因为他的妻子去世了，他不得不照顾两个孩子，而其中一个孩子跌断了一条腿，另一个因吃不到母乳整天哭个不停。老员工心烦意乱，极度痛苦，于是借酒消愁，结果误了上班。

得知这一情况之后，梅考克懊恼不已，他立即安慰老员工："你现在什么也不要想，赶紧在家照顾孩子。你不是把我当朋友吗？请你放心，我不会让你走上绝路的。"说着，他从口袋里掏出一沓钞票塞给了老员工，并嘱咐道："回去安心照顾孩子吧，不用担心你的工作。"

听了梅考克的话后，老员工喜出望外，问道："你想撤销开除我的命令吗？"

没想到梅考克说："不，我不希望破坏制度，我相信你也不希望我破坏制度，对吗？"后来，梅考克让这个老员工在他的一家农场当管家，并给他更高的薪酬。

梅考克在处理老员工违反制度的事件时，既坚持了按原则办事，又充分表现了自己的人情味，这是非常可贵的。作为一名管理者，你也应该学会处理这种两难事件。在平时工作中，要注重人情味，给员工家庭般的温暖，以抚慰员工的心灵。不过，当员工违反了制度时，必须坚持按原则办事，按制度行事，这样才能服众，才能维护制度的威严。当然，在按制度规定处理员工之后，可以根据实际情况，给员工一些安慰或帮助，以抚慰员工受伤的心，让他知道你处理他并非针对他，而是针对他所犯的错。

管理心得

原则、规则、制度与人情味、友谊、感情等，就像天平的两端，只有平衡它们之间的关系，做到既讲原则，又不失人情味，才能把企业管理好，才能让大家信服。

017. 学会装糊涂，放下属一马

郑板桥曾经说过一句名言："难得糊涂。"这句话对领导者管理企业也很有启发。在管理中，做领导的没必要事事精明，锱铢必较，对于下属所犯的无关紧要的过失，试着装一装糊涂，放下属一马，既能显示出你的大度，又能让你赢得下属的感激，何乐而不为呢？

在《宋史》中，记载了这样一个故事：

有一天，宋太宗和两位重臣在北陵园喝酒，他们一边喝一边聊。没过多久，两位重臣都喝醉了，竟在宋太宗面前相互炫耀功劳，他们都不认输，都说自己功劳大。到最后，居然斗起嘴来，完全忘了一旁的宋太宗，把君臣礼节抛之脑后。

一旁的侍卫实在看不下去了，便小声地奏请宋太宗，处罚这两位无礼重臣。宋太宗没有同意，只是草草撤了酒席，派人分别把他们送回家。

第二天上午，两位大臣从沉睡中醒来，想起昨天的事情，惶恐万分，赶忙进宫请罪。宋太宗看着他们战战兢兢的狼狈样子，轻描淡写地说："昨天我也喝醉了，什么也记不起来了。"

两位大臣知道，宋太宗这是装糊涂，有意放他们一马，因此，马上感谢宋太宗的不责之恩。从此以后，两人更加忠心地辅佐宋太宗。

古人说："水至清则无鱼，人至察则无徒。"其实讲的就是凡事不要太精明，对于下属那些无伤大雅的小过错，管理者不妨糊涂一点，不去和下属计较。比如，上班时间，你发现下属看新闻、玩微博、聊 QQ 时，没必要当场点破，只要你从他身边走过，他肯定就会收敛起来。反之，如果你对下属吹毛求疵，要求他们上班 8 小时一刻也不能分神，那无异于鸡蛋里挑骨头，因为上班过程中，也需要片刻的放松。

当糊涂的时候装糊涂，可以给员工留一个台阶，留一个面子，避免不必要的尴尬。同时，还能让下属感受到管理者的宽容和大度，从而激发下属的自觉意识，让他更好地约束自己的言行。这样有助于赢得下属的拥戴，营造和谐的上下级关系。

管理心得

该精明的时候要精明，该装糊涂的时候要糊涂，这是深藏不露的管理智慧，也是宽容大度的待人技巧。当然，这并不等于一味地睁一只眼闭一只眼，管理者什么时候该糊涂，什么时候该精明，一定要心中清楚。

018. 用"精神薪资"弥补"物质薪资"

金钱虽好，但金钱并不是万能的。再者，企业给员工提供的物质薪资，也许与下属的期望值永远都有差距。在这种情况下，怎样提高下属对企业的满意度呢？最好的办法是用"精神薪资"弥补"物质薪资"的不足。

所谓"精神薪资"，指的是精神奖励，比如，一句赞美、一声祝福、一个亲切的问候、一次有力的握手等等，又或者是送给下属一个小礼物、请下属吃一顿饭、给下属颁发一个奖赏等等，都能给下属带去强大的能量。

从一个小作坊壮大成全国包装行业的龙头老大——山东丽鹏公司一路走来，坚持采用"精神薪酬"，很好地满足了员工的精神需求，激发了员工的潜能。公司一贯重视关心员工的生活，满足员工的不同需求。董事长孙世尧说："我的任务有三条，一是制定公司的发展战略；二是培训选拔各级干部；三是负责员工的后勤服务工作，让员工生活好、娱乐好。"

孙世尧所说的第三条任务，指的就是对员工支付"精神薪酬"。他不仅关心员工的物质生活，还非常关心员工的精神生活。公司先后投资400多万元，建立起一个集学习、娱乐、开会为一体的培训娱乐中心，里面还有一个可容纳800人的礼堂，还有一个可容纳2000多人的室内运动场，既有羽毛球馆，也有图书馆。

公司经常开展丰富多彩的文化娱乐活动，比如，组织夏令营，组织运动会，举办国庆宴会，组织各种文艺活动、知识竞赛、演讲比赛等等，极大地丰富了员工们的业余生活。

此外，孙世尧和其他管理者还很重视表扬员工、关注员工，对员工嘘寒问暖。他们经常深入员工之中，与员工谈心，了解员工的感受，征求员工对公司的意见和建议，让员工获得了被尊重的满足。

精神薪资花钱并不多，但却能让下属感到被尊重、被理解、被重视、被认可。这是任何物质薪酬都无法替代的。而且从长远来看，实行物质薪酬的激励作用不如精神薪酬的激励作用大。因为金钱是有价的、有限的，用光了就没有了，而尊重、理解、重视、认可则是无价的，可以带给人自信和激情，使人感受到崇高的信誉和荣耀。因此，"金钱"虽然贵，但"精神"价更高。

管理心得

精神薪酬是员工渴盼的精神财富，身为管理者，一定不要吝啬给予。要知道，员工上班虽然是为了赚钱，但员工不仅仅为了赚钱，员工渴望获得精神奖励，得到心理认同，如果你满足他们这种心理，就能产生很好的激励效果。

019. 以权压人，并非理智的选择

很多企业管理者习惯于以权压人，他们认为，管理者就应该高高在上，对下属吆五喝六，管理者就要颐指气使地指挥下属，否则就失去了做管理者的威信。因此，他们时时处处对员工动"威"。通常而言，管理者以权压人，处处动威的表现有这样几点：

一是经常强硬地命令员工，比如说："我叫你怎么做，就怎么做，如果做不好，我就开除你。"这样往往会伤害员工的自尊心，引起员工的抵触情绪，只能收到相反的效果。

二是在态度上漠视员工。对于员工的意见，不予理睬；对于员工的需求，不予尊重。这样只会导致员工反感和不配合，使管理严重失效。

毫无疑问，以权压人的管理方式很难达到管人的目的。只有改变管理方式，在管理中多一点人性关怀，多一点尊重和理解，才能真正赢得员工的拥戴。

有一家钢铁公司出现了员工消极怠工的现象，老板心急如焚，绞尽脑汁出台措施，制定了严厉的奖惩条律，比如，员工完不成任务，扣发工资；粗暴地斥责犯错的员工，以施加压力。然而，这样做并没有取得预想的管理效果。走投无路之际，老板请来一位管理专家，让他帮忙诊断、解决公司存在的

问题。管理专家来到公司后，在公司转悠了几圈，便找到了问题的根源。他对公司老板说："你们要做的，就是把每个男员工当成绅士来对待，把每个女员工当成高贵的女士来对待。具体怎么做，我已经写在了这张纸上，你照办就行。"说完，他递给老板一张纸。老板打开纸一看，上面赫然写着："尊重、爱护每一位员工，关怀他们、倾听他们、信任他们、赞赏他们……"老板没想到，自己觉得如此棘手的问题，居然用这么简单的办法就可以解决。他半信半疑地按照专家所说的做，一个月之后，他给管理专家打电话，说公司的问题解决了，员工工作积极性高涨，公司业绩有了很大的提高。

面对公司出现的问题，公司老板一开始采取强硬的措施、以权压人，可是没有收到任何效果。为什么会这样呢？因为哪里有压迫，哪里就有反抗，即使在现代企业中，反抗依然存在。若不听从管理专家的意见，把每个男员工当做绅士来对待，把每个女员工当做高贵的女士来对待，对员工表现出足够的尊重、爱护，怎么会收到理想的管理效果呢？由此可见，管人不如管心，只有管住了员工的心，才能赢得员工的真心服从。

管理心得

以权压人，并不是理智的管理方式，因为每个员工都希望得到尊重，得到欣赏，得到重视。管理者只有尊重每一位员工，爱护每一位员工，才能赢得员工的心。

020. 尊重下属，不可践踏下属的自尊

俗语说："树有皮，人有脸。"所谓的脸，指的就是一个人的自尊。身为管理者，要本着尊重下属的原则与下属相处，千万不要伤害下属的自尊心，更不可恶意地践踏下属的自尊。即便下属犯错了，你在批评下属的时候也要注意态度和措辞，因为在自尊和人格上，上级与下属是平等的。如果管理者不顾下属的自尊，任意践踏下属的自尊，下属往往会被激怒，然后反过来攻击你。

在印度尼西亚的海洋石油钻井台上，一位经理看到一位雇工表现比较糟糕，当场怒气冲冲地对一旁的计时员说："告诉那个混账东西，这里不需要懒人，让他跳到海里，游泳滚开！"

那位雇员听到这句粗鲁的话之后，自尊心受到了极大的创伤，他被彻底激怒了，当即抄起一把斧子就朝经理冲了过来。经理见状，大惊失色，在地上爬着滚落到井架下面的工棚里。那位雇员追到工棚里，恶狠狠地砍破了大门。这时，幸亏其他雇员及时赶到，极力劝阻，才避免了一场灾祸。

雇员的行为固然过激，但这是谁引起的呢？很明显，是那位经理出口伤人，践踏了雇员的自尊，才激起了雇员的愤怒和仇恨。身为管理者，应该在找到事实依据的前提下，以理服人

地批评下属，而不应该粗暴地指责，甚至是侮辱下属。虽然管理者被赋予了权力，但也不应该滥用权力，更不能耀武扬威地伤害员工的自尊。

虽然下属的职位低于管理者，但他们也是有血有肉、有自尊、有感情的人。所以，如果你希望下属尊重你、服从你，而不是抄着斧子追杀你，那么就要学会尊重下属。只有你尊重他们，他们才会尊重你。尊重不需要花多少钱，但是却能产生很大的激励效果。比如，你进出公司，向门卫师傅打一声招呼，问一声好，门卫师傅感受到了你的尊重，很可能会更加认真负责。

管理心得

尊重员工是管理者管理好公司的必然要求，只有下属得到了应有的尊重，他们才会尊重管理者；只有尊重下属，管理者才有可能与下属保持和谐的关系；只有尊重下属，下属才有可能服从管理者，继而认真地对待工作。

021. 了解下属的痛处，然后机智地避开

有这样一则寓言：

一位樵夫在砍柴时救了一只小熊，母熊对他非常感激。一天，母熊邀请樵夫来家里共进晚宴。晚宴结束之后，樵夫对母熊说："你的晚宴非常丰盛，但是我唯一不满意的就是你身上

的那股骚臭味。"

母熊虽然非常不高兴，但是面对自己的恩人，它还是强忍着怒气，说："作为补偿，你砍我一斧子吧，算是我对你的补偿。"樵夫照做了，若干年后，樵夫与母熊相遇，问："你头上的伤好了吗？"母熊说："伤口早就好了，我也忘记了，不过，那次你说的话，我一辈子都记得。"

这则寓言告诉我们：揭人伤疤、戳人痛处，比砍别人一刀带给别人的伤害更大，而且对方会永远记住你的伤害。所以，任何时候都不要揭人伤疤、戳人痛处。

在管理中，管理者伤害下属颜面，通常有两种情况：一是撂狠话，否定、轻视、诋毁下属的人格和工作能力，进而刺伤下属的自尊心；二是揭下属的伤疤，戳下属的痛处，抖露下属的隐私，让下属羞于见人。两者相比，后者对人的自尊心伤害更大，它就像剥掉人的外衣，让人赤裸裸地曝光在公众面前，受众人的唾弃。

每个人都可能有不为人知的伤疤、曾犯下的错误，甚至做过不光彩的事情。对于下属身上的这些"痛处"，管理者应该理智地避而不谈，甚至当别人不小心谈及时，管理者还应该巧妙地转移话题，保护下属的颜面，这样做才是最明智的。

如果管理者揭了下属的伤疤，戳了下属的痛处，下属可能用同样的方式来反击，也可能因为顾及上司的颜面而忍气吞声、不发作，但是在往后的日子里，他们一定会处处提防着上司，把上司视为敌人。这样一来，管理者的工作就很难开展下去。

也许你会说："并不是我故意要揭他伤疤、戳他痛处的，而是他的态度实在太恶劣，我没看到他有一丝悔改，我也是无法忍受才说出来的。"很遗憾，这样的辩解并不能取得下属的谅解，因为即便他态度恶劣，你也只能针对他的态度加以警告。你可以采用暗示的方法，对他说："过去的事情我就不提了，希望你心里明白。"

值得注意的是，有些管理者也会暗示下属，但他们是怎么做的呢？他们在情绪不佳的时候，对下属说："你少跟我斗，我知道你不光彩的事情，要不要我当着大家的面说出来啊？"可怜的下属如果确实有污点掌握在别人手里，只好忍气吞声，但是他心里会非常气愤，等到这种愤怒积累到一定程度，就会彻底爆发出来。

因此，身为管理者，你一定要清楚，戳人痛处是最糟糕的行为。因为每个人都有不愿意提及的不堪回首的往事，换位思考一下，你自己是否也有不想被人戳的痛处呢？所以，当你了解到下属的痛处之后，请学会机智地避开。

管理心得

切记，不要揭下属的伤疤、戳下属的痛处。所谓"己所不欲，勿施于人"，考虑别人的感受，别人才会考虑你的感受；照顾别人的自尊，你才会赢得尊重。

022. 用切身利益拴住人才

俗话说："打江山容易，守江山难。"同样，招聘人才容易，留住人才难。很多企业老板为公司人才流失抓耳挠腮，却不知道原因何在，这真的是一种悲哀。作为人才，他们最希望从企业得到什么呢？答案只有两个字：利益。如果企业不考虑员工的切身利益，不舍得用利益拴住人才，人才早晚都会远走高飞。

赵先生是某医药公司的医药销售代表，由于个人能力出众，他进入公司不到三年，就从一名普通员工成长为地区经理，然后又成为公司集团下属一家医药公司的常务副总，全盘主管公司的日常事务。赵先生不但能力出众，而且人品有目共睹。在工作期间，他重视以身作则，深得下属和客户的尊敬与信任。

老板非常器重赵先生，曾口头许诺，一定在年终大会上满足赵先生的年薪要求，赵先生也深信不疑。可是，年终大会上，公司并未满足赵先生的年薪要求。赵先生非常生气，他找老板理论，老板却用各种理由搪塞，为自己辩解。赵先生很无奈，只好愤然辞职，并且带走了很多稳定的老客户，对企业造成了很大的打击。

人才首先是人，是人就要牵涉到衣食住行，样样需要开支，因此，如果公司舍不得用员工最关注的切身利益留住人才，那么人才怎么愿意栖身在公司呢？

看到这个案例，不由得让人联想到美国国际电报电话公司的总裁哈罗德·杰尼，他非常重视留住公司的人才，而且他采取的策略很简单：通常他给优秀人才的薪水比同行高 10% 以上。当哈罗德·杰尼发现一位三四十岁、聪明干练、富有激情的优秀人才时，他甚至给对方 15 年后才能达到的薪水，目的就是要留住人才，为已所用。哈罗德·杰尼认为，一家公司的老板最愚蠢的行为，莫过于舍不得高薪留住人才，导致员工对薪水不满而另谋高就。

也许你会说，员工来企业只是为了金钱吗？不是，但赚钱是第一要素。特别是对于一个大学毕业不久或家境贫困的员工来说，他们打拼事业的最大目的不过是赚钱，这是不争的事实。因此，用切身的利益拴住优秀的人才是明智的。

管理心得

很多企业老板常说："企业不是慈善机构。"言外之意是不养闲人、庸人，同样，员工也不是慈善人士，如果为企业拼死工作，却得不到自己预期的利益，那么员工终有一天会离去。留住员工的最好办法就是满足其切身利益。

023. 用欣赏的眼光去看待每一位员工

在某公司举行的人力资源管理座谈会上，针对如何强化职工队伍管理问题，一位车间主任说："我认为管理员工没有什么秘诀，那就是多欣赏员工，多表扬员工，少批评员工。当员工能带着愉快的心情去工作时，工作效率才有保障。"

这位车间主任的观点是非常有道理的。其实，公司里不乏优秀的员工，有的员工生产技能高超，有的员工创新意识强烈，有的员工谋划能力惊人，有的员工营销思路开阔，有的员工对产品性能了如指掌，有的员工对竞争策略颇有研究，有的员工为人和善，人际关系很好……对于这些员工，管理者是否擦亮眼睛去发现、去欣赏呢？

一个优秀的管理者，应该善于发现员工的"闪光点"，及时予以表扬，这样能使员工身心愉悦。比如，部门开会时，下属提出了一个建设性的意见，管理者若能予以表扬，予以采纳，那么员工会觉得很有成就感。再比如，员工每天都准时上班，你可以说："你每天都能准时上班，从来没迟到过，我真佩服你能这么守时。"员工得到你的表扬之后，会更加守时。

用欣赏的眼光看待每一位员工，要求管理者在肯定员工优点的同时，对员工的缺点和不足多一点包容，对员工的错误少一点批评，或者用委婉的暗示予以提醒，这样能让员工看到管理者的胸怀，使员工带着感激之情去完善自己，使员工心悦诚服地接纳管理者，这才是高明的管理策略。

管理心得

学会用欣赏的眼光看待每一位员工，员工才能感觉到自己有多么优秀，才会竭尽全力地工作，才能在工作中将自己的聪明才智发挥出来。用赏识的眼光看待员工，得到的回报将是你难以想象的。

024. 让最普通的员工也觉得自己很重要

有些普通员工总觉得自己是一个卑微的角色，有了这种想法之后，他们就会抱着得过且过的态度对待工作，这对企业而言是非常可怕的。身为公司管理者，不仅不能让员工觉得自己卑微，相反，还要让员工觉得自己很重要。只有这样，才能激发他们内心的潜能，使他们最大限度地发光发热，实现更大的价值。所以，管理者不可轻视任何一个普通的员工。

玫琳凯·艾施是美国著名的女企业家。1963 年退休后，她仅用 5000 美元积蓄创办了玫琳凯化妆品公司。最开始公司只有 9 名员工。20 年后，公司的员工超过 5000 人，公司年销售额超过 3 亿美元。

艾施成功的秘诀是什么呢？在她看来，她的成功秘诀就是让每个员工都觉得自己很重要。关于这一点，她是从曾经的实际工作中获得启发的。

多年前，艾施只是一个公司的普通员工，有一次，她为了能和公司的副总裁握手，不惜排队等候了足足 3 个小时。当终于轮到她"觐见"副总裁时，副总裁只是象征性地与她握一握手，而且眼睛根本没有正视她，而是瞧着艾施身后的队伍还有多长。就是这么不经意间的一个细节，让艾施至今记忆犹新。

艾施回忆说："直到今天，我还未忘记那件事，当时我暗自告诉自己：假如有朝一日我成为被人们'朝觐'的人，我一定要把注意力全部集中在站在面前同我握手的人士身上。"后来，她等到了那一天——她成了公司的总裁。果然，她总是尽力使每一个员工感到自己有多么重要。

有人曾问她："你怎样才能让员工感到重要呢？你这样做会不会觉得累呢？"

艾施说："当然，虽然我精疲力竭，但我从不改变初衷，因为我曾亲身体验到被一个你很敬重的人冷遇是什么滋味。所以，我要求自己必须精神集中地接待眼前的这个员工。切记，永远不要轻视任何一个员工。"

艾施一贯确信，每个她接触的人都是重要的。每个月，公司都有即将升任销售主任的美容顾问去达拉斯参加训练班，而艾施的家就在达拉斯，因此，她每次都会邀请她们来家中作客。为此，她经常要为几百个女人准备饭菜，这可不是一件容易的事。她给她们准备香气扑鼻的茶、家常小甜饼。后来艾施还写过一本书，叫《销售主任小甜饼制作方法》的小册子，里面收录了艾施最擅长做的20种点心和饮料。有些美容顾问把艾施制作的小甜饼带回去给孩子或下属吃，原因很简单，因为那是艾施亲手做的。

玫琳凯·艾施重视每一位员工的做法在企业界是罕见的，

但是这种做法对公司的发展起到了很大的作用。当员工觉得自己很重要时，他们才会迸发出自信心，他们在接待客户的时候，才会意识到自己是公司的形象代表，才会给客户提供满意的服务，以维护公司的形象。

管理心得

想让普通员工觉得自己很重要，管理者有必要在与员工接触的时候表现出对他的重视，一句"你的工作很重要，由你负责我很放心"，一个肯定的眼神，一句贴心的赞美，都能让员工感觉到领导的重视。

025. 好员工不是管出来的，而是赞出来的

有这样一个小故事，值得每一位管理者深思：

有一家人正围着餐桌吃晚饭，孩子的母亲从厨房走出来，手里没有拿碗筷，而是拿着一把稻草。全家人十分惊讶，孩子的父亲问："你拿稻草干什么？"孩子的母亲淡淡地说："我每天为全家人做饭，已经做了十几年了，你们从老到小，从来没有人给我一句夸奖，难道我是在给你们吃稻草吗？"

连无私奉献的伟大母亲都渴望得到夸奖，何况是一名员工呢？

美国石油大王洛克菲勒从贫穷的人变成亿万富翁，靠的不仅是敏锐的商业嗅觉，还与他懂得赞美员工有非常大的关系。

当年，美国的工人极度仇视资本家，经常掀起罢工浪潮。洛克菲勒的石油公司也深受罢工浪潮之害，罢工导致公司陷入停业状态，工人们甚至声称要把洛克菲勒吊死在苹果树上。

为了挽救极度不利的局面，洛克菲勒花了几个星期的时间，深入到工人中去，去了解他们的工作，公开发表演讲，毫不吝啬地夸奖他们。没想到，夸奖产生了神奇的效果，不但平息了工人的仇恨，还使洛克菲勒在工人中赢得了威望，拉近了与工人之间的距离。

从那以后，洛克菲勒认识到赞美的重要性，开始运用赞美去管理员工。而在这之前，他所采用的是"管"，但是实践已经证明好员工不是管出来的，而是赞美出来的。

在管理中，你是否赞美过你的员工呢？要知道，赞美是最好的激励方式之一。如果你能充分利用赞美的艺术，表达对下属的认可和信任，那么就能有效地提高下属的工作效率。因为赞美能满足人渴望被认可的心理，可以激发人的自信心，可以使人活得有激情和动力。

美国著名的女企业家玫琳凯认为，要想让员工为工作发挥作用，控制和监督不是最好的方法，最好的方法是赞美。很多时候，赞美比金钱更能产生激励性。因为金钱带给员工的激励是有限的，而赞美带给员工的激励是无限的。当你赞扬员工时，不仅使他感受到了自身的价值得到认可和重视，同时，还能使他的自尊心得到满足。所以说，赞美是最节省成本的激励方式。

管理心得

严厉责备或强行约束往往只会激怒员工，使员工产生更多的反抗，后果将会很严重。而发自内心地赞美只需几句话，就可以轻松激发员工的信心，让员工觉得自己在领导眼里是很重要的，从而努力工作回报企业。所以，学会赞美员工，你才有希望成为好领导。

026. 细心寻找可以赞美员工的机会

说到赞美员工，有些管理者可能觉得员工没有什么优点，倒是觉得员工有很多缺点与不足，不去批评员工就够可以的了，怎么去赞美员工，又赞美员工什么呢？其实，这就需要找到赞美的机会，请看下面的案例：

有一位年轻人由于学历低，找工作处处碰壁，最后好不容易进入一家公司做推销员。但是推销工作并不简单，在上班的第一天，他敲了近60家人的大门，但均被冷冰冰的表情拒之门外。第二天、第三天、半个月过去了，他一件产品都没有卖出去。

就在他打算放弃这份工作的时候，他被公司老板叫了过去，老板对他说："年轻人，虽然半个月过去了，你一件产品都没有推销出去，但是你能坚持半个月，这一点非常了不起，你知道吗？很多年轻人来公司，坚持不到一个星期就不干了，你能坚持半个月，这还是头一个啊！就凭这一点，我就觉得你将来有出人头地的机会。"

原本信心全无的年轻人，听到老板的赞美之后，顿时激情澎湃，他马上振作了起来。接着，老板传授了一些推销的经验给他，鼓励他再坚持几天，相信他会取得成果的。年轻人带着这份激情，又去推销了，那天卖出了两件产品，第二天，他又卖出了三件产品。随着推销产品的数量增多，他的信心越来越强，半年后，他成长为公司的头牌推销明星。

员工推销半个月，仍旧一无所获，其他管理者也许会批评员工无能，但是那位老板却从员工的失败中看到了员工的优点，并给予恰当的赞美，结果使员工重燃信心，从困境中振作起来，最终获得了成功。由此可见，并不是没有赞美的机会，关键在于你是否有发现的眼光。

赞美员工的机会从何而来？从看似细小的事情上而来，也许员工只是捡起了地上的一个垃圾，也许员工只是关掉了别人忘记关的厕所灯，这都是你赞美他的机会。也许是一句话，也许是一个肯定的眼神，都能带给员工力量。

管理心得

一位成功人士曾经这样说过："在现实生活中，许多人习惯于骂人或警告人，如果能够反过来称赞他，反而会使其更有信心，更容易发挥潜能。"对一名管理者而言，若想激起员工的雄心壮志，若想在部属中树立威信，就要细心寻找可以赞美员工的机会。

027. 新员工更需要表扬

企业在发展过程中，需要不断注入新鲜的血液，新员工的加盟就是一汪活水，能为企业带来新的氛围和动力。当公司加入新员工时，管理者怎样对待他们呢？有一位著名的管理学家曾说："公司应该不断赞扬新员工，使他们产生自信，使他们摆脱刚加入公司时紧张不安的情绪，更快地融入企业中来。"在对待新员工时千万不可"鸡蛋里面挑骨头"，应以鼓励、赞扬为主，切忌乱用批评和指责，具体做法可以参考以下几点：

（1）表扬新员工的优点

新员工进入公司后，他们对工作的适应情况如何、对工作的胜任状况如何，在很大程度上与管理者的赞扬有关。如果管理者多发现新员工的闪光点并加以赞扬，就很容易激发出新员工的信心，使其更好地适应工作。反之，如果批评斥责过多，员工的信心会受到打击，可能陷入恶性循环中去，表现越来越糟糕。因此，管理者在面对新员工的错误时，要多一点体谅和理解，毕竟他们是新手，也许多一些宽容和鼓励，就能帮他们变得更出色。

（2）表扬有缺点的新员工

十个手指都不一样长，新员工的能力也有差别，对于缺点、弱点明显的新员工，比如，工作能力差、与同事关系不好、冲撞上司的新员工，管理者一般都难以忍受，很容易以偏概全地加以否定。其实，新员工有缺点是正常的，管理者不妨运用赞美的力量促其弥补不足，改正错误，这比批评、斥责、否定他们更有效果。

（3）表扬努力的新员工

工作努力的员工无论走到哪里都是受欢迎的，因此，对于那些刚入公司、工作努力的新员工，管理者不要吝啬表扬。通过表扬可以让新员工认识到：只要他努力，就能得到公司的认可。除了口头上的表扬，还可以制定针对新员工的奖励策略，这更有利于激励新员工努力工作。

管理心得

对于新员工，管理者不应吝啬赞美，大方地赞美他们、自然地赞美他们，哪怕他们只取得了一个小小的成功，哪怕他们只有一个好的举动，你都可以如实地说出来，并加以赞扬。通过赞扬，可以帮助新员工培养工作信心，使其更好地融入企业。

028. 把了解员工当大事来抓

了解员工的基本情况，并让员工知道领导在关心他，是优秀管理者惯用的手法。了解了员工的基本情况，才能有针对性地激励员工，做出让员工意想不到的举动，从而激发员工身上的激情。

小张是一家电子公司的一名普通员工。说起公司老板，小张充满自豪地称赞道："我们公司老板这人真没的说，太够意思了。不管我挣钱多少，我觉得跟着他干心里舒坦。"为什么小张对老板评价如此之高呢？这与老板为小张做的一件事分不开。

小张刚进公司时，在欢迎新员工的联欢会上，老板对大家说："今天大家欢聚一堂，我向诸位宣布一个消息，今天是咱们新同事小张 23 岁的生日，请小张站起来，走上台来，接受公司对你的祝贺。"

小张感到非常意外，因为他根本没有告诉公司他什么时候过生日。当他走上台时，从外面走进来两位礼仪小姐，她们推着一个车，上面放着一个很大的蛋糕。在这种热烈的气氛中，小张被同事们簇拥着许愿、吹蜡烛。

当时小张感动得不知道说什么才好，做梦也没想到，自己一个刚进公司的员工，老板居然那么重视他的生日，而且为他特意定做了生日蛋糕。就在小张依然沉浸在感动中时，老板又宣布："为了表达对小张的生日祝福，公司没有准备什么礼物，这个红包请小张收下，希望你不要嫌少哦。"

那一刻，小张的心彻底被老板收服了。回到家里，小张打开红包，哇，居然是 1000 元。小张心想，公司出手真大方，于是暗自下决心，一定要认真对待工作，用心回报公司的厚爱。

看完小张的故事，你是否为他感到庆幸呢？能被公司如此重视，是一件幸事。但我们不由地想问：老板怎么知道一个新员工的生日？这就提醒了管理者们，一定要把了解员工当成大事来抓。只有了解了员工，才能为员工制定个性化的激励策略，才能想员工之所想，帮员工分担困难，与员工分享喜悦。

很多优秀的管理者都十分重视了解员工，这包括记住员工的名字、生日、年龄、家里有几个兄妹、籍贯、父母的职业、兴趣爱好等等。为了便于记忆，他们甚至把这些信息特意写在一个专门的记事本上，时常翻来看一看，以便找到激励员工的机会。

有位管理者曾在本子上记录了一名员工的父亲养了一只兔子的信息。一个月后，他在一次与这名员工共餐时，问他："你父亲养的兔子还好吗？现在应该长大很多吧？"当时这名员工觉得非常惊奇，这么小的一件事情领导居然还记得，当时他非常受感动。

管理者除了要了解员工的出身、学历、经验、家庭环境以及背景、兴趣、专长等。还应该了解员工的性格特征，了解员工当下遇到的困难，关心员工或提供帮助，这能让员工感到自己受到了领导的重视。

管理心得

高明的管理者重视了解员工的情况，并把这件事当成大事来抓，这样可以更好地对员工表达关心、关怀和重视，以提升员工的自信心、忠诚度和对企业的归属感，从而真正赢得员工的心。

029. 留住员工的心要从小事做起

一流的管理者懂得管人先关心，也懂得留人要从留人心开始。如何才能留住人心呢？答案是：从小事做起，对员工表达关爱之情。

一天，日本三得利公司的总裁乌井信治郎无意中听到员工抱怨："房间里有臭虫，害得我们睡不好。"于是，晚上他便点着蜡烛来到员工的房间，帮员工抓臭虫。这一微小的举动，把员工感动得差点流泪。

还有一次，新员工佐田的父亲去世了，乌井信治郎得知这个消息之后，立即带领全体员工来到殡仪馆，帮佐田料理父亲的丧事。丧礼结束后，乌井信治郎叫了一辆出租车，亲自护送佐田和他的母亲回家，他的行为深深感动了佐田。

在那段时间，佐田不断地思考一个问题："怎样做才不会辜负总裁的一片爱心？"最后他决定：只要公司不辞退他，他就会尽最大努力做好自己的工作，哪怕牺牲生命也在所不惜。

在后来的工作中，佐田奋发努力，全力以赴，把工作做得非常出色，还被公司提拔为公司主管，为公司的发展做出了很大的贡献。

在员工流动率居高不下的今天，管理者要想办法留住人心。其实，要做到这点并不难，只要你敏锐地捕捉员工的微妙变化，并在合适的时机引导员工说出内心的想法，然后采取有效的行动帮助员工，就能达到感动员工的目的。

当员工出现以下几种情况时，管理者可以抓住机会对员工表达关爱：

（1）员工生病时

即使身体再强健的人，一旦生病了，也渴望得到别人的关心和爱护。所以，当员工生病时，如果你及时给予关心，即便是一句问候，也能让员工对你产生好感。

（2）员工为家人担忧时

比如，员工的家人生病了，员工为孩子的教育苦恼时，管理者若能真诚地关心，员工就很容易产生感激之情。

（3）员工工作不顺心时

当员工因工作失误、工作任务无法完成、与客户发生矛盾、被领导者批评时，心情往往会变得低落。这个时候，如果管理者给予适当的关心，必会换来员工的信任。

管理心得

要想留住员工的心，不妨从小事做起。管理者若能视员工如朋友、如家人、如孩子，经常与员工沟通，极力维护员工的合法利益，帮员工排忧解难。那么，留住员工的心一点都不难。

030. 站在对方的角度思考

有句话叫"理解万岁"，人与人之间，若能达到相互理解，那么人与人就能和谐相处。在管理中，上下级之间也需要相互理解，有了理解，才有人情味。当上司理解了下属的抱怨、烦恼时，才能认识到自己的策略是否符合民意；当下属理解了上司的想法时，才能明白上司的苦衷。

东汉末年，曹操在官渡之战中打败袁绍，在搜查袁绍住处时，曹军发现很多私通的信件，于是把这件事报告给曹操。当时曹操属下给袁绍写过信件的文臣武将们个个心惊胆战，有的人甚至吓得坐在地上，心想这次死定了。但是出乎大家的意料，曹操得知这件事后，把大家都召集过来，然后当众烧了那些私通的信件。

有些属下不明白曹操的用意，就问他为什么这么做？曹操说："我与袁绍开始交兵时，敌强我弱，当时连我都不知道能不能取胜，我属下的文臣武将一样无法预料。因此，他们当时为自己做打算，和袁绍通信，想背叛我也是可以理解的。"曹操凭借这一招，不知道收买了多少人心。

曹操之所以在战场上叱咤风云，一个重要的原因是遇事时他懂得推己及人以收买人心。古人说得好："得人心者得天下。"同样，企业要想在商战中战无不胜，管理者也需要学会站在别人的角度思考问题。站在下属的角度思考问题，才能理解下属的想法，解开下属心中的苦闷；站在客户的角度思考问题，才能理解客户的难处，与客户实现合作。

⬤管⬤理⬤心⬤得

在遇到分歧、矛盾、问题时，学会站在对方的角度思考问题，可以让管理者把问题思考得更全面，也许只需略微的妥协和改变，就能柳暗花明。

031. "跟我冲"而不是"给我冲"

什么叫"给我冲"，意思是我可以坐在这里指挥，你们要上阵杀敌。如果你们战败了，我可以随时调转马头，赶紧逃跑，输了与我无关，不是我的责任。如果战胜了，功劳是我的，因为我指挥有功。

与"给我冲"差不多，还有三个字叫"跟我冲"。所谓"跟我冲"，就是我带头，你们随后，我们一起上阵杀敌、攻克难关。如果战败了，我首当其冲，你们不用担心我推卸责任。如果战胜了，功劳属于大家。

"给我冲"是一种言传，而"跟我冲"是一种身教；"给我冲"是空喊口号，纸上谈兵，而"跟我冲"是身先士卒，一马当先。试问，哪个影响力更大？很明显，"跟我冲"三个字更有影响力、感染力、激励性。身为管理者，你应该对下属高喊"跟我冲",而不是对下属高喊"给我冲",一字之差,管理效果相差千里。

金宇中是韩国大宇集团总裁,他每天晚上零点睡觉,次日凌晨5点起床,每天工作十几个小时,20多年如一日。他经常对下属说:"为了公司明天的繁荣,我们必须牺牲今天的享乐,因为我们还是发展中国家。"他的行动感染了整个大宇集团的所有员工,每位员工都自觉认真对待工作,为公司的利益而努力。

优秀的管理者应该成为员工的榜样,要员工"跟我冲",而不是让员工"给我冲"。因为"跟我冲"这三个字中蕴含了无穷的魔力。从"跟我冲"这三个字中,我们看到了身教重于言传,看到了身先士卒、以身作则、率先垂范的表率作用。

管理心得

俗话说:"喊破嗓子,不如做出样子。"管理者应该努力发挥自身表率的作用,这样才能使下属们敬佩你,自觉地向你学习,从而产生强大的凝聚力、向心力和感召力,进而形成巨大的战斗力。

032. 给下属带来轻松和谐的气氛

在日本,提到稻盛和夫,几乎无人不知晓。因为他在商业领域取得了世人难以企及的成就,他创办的两家企业先后跻身于世界500强公司。他经营企业有什么秘诀呢？他说："作为领导者，首先要满足员工物质和精神两方面的幸福，只有我想到他们了以后，他们才能和我一起打天下。"

在这里，稻盛和夫提到了"员工心的幸福"，他认为只有员工心里感到幸福，才愿意与企业一同打天下。由此可见，经营人心多么重要。对管理者来说，如果想赢得员工的心，激发员工的潜能，最简单的办法莫过于想办法营造轻松和谐的企业氛围。

一家游戏研发公司的老板规定，只要大家把自己分内的工作完成了，其余的时间就可以自由支配，只要不影响其他人工作就可以。当员工工作找不到灵感时，可以去隔壁的茶水间享用免费的茶水，还可以约几个同事去公司的小吧台聊会天。公司大楼外面还有一片大草坪，每当冬天阳光充足时，员工就会在工作之余去草坪上晒太阳，那种轻松和谐的氛围，让每个员工都流连忘返。

在公司管理层看来，考量公司的环境是否受员工欢迎，标准非常简单，那就是员工每天是否有主动去公司的意愿。公司在布置工作环境时，充分听取了员工们的意见和建议，所以，才有了种种轻松的场合。

在现代社会中，很多公司在一个宽敞的大办公室里办公，里面摆放着十几张办公桌，办公桌之间，几乎都被壁板挡住，每个员工都在自己相对封闭的空间里工作。如果员工每天只知道噼里啪啦敲击键盘，而没有讨论声，没有适当的谈笑；如果管理者脸上没有笑容，在公司走动时，总是绷着脸。可想而知，公司的气氛有多么沉闷。在这样的气氛中，员工无形中会产生压力，更容易产生疲惫感。因此，管理者要想办法给公司员工营造轻松和谐的工作气氛。

管理心得

　　一个人的工作状态受周围环境的影响。如果环境充满压迫感，员工体会不到轻松，就难以提高员工工作效率。反之，管理者若能营造轻松和谐的工作氛围，对员工是一种尊重，也是一种激励，有利于员工把工作做得更好。

033. 认真地想想下属需要什么

　　美国有个鞋帽公司名叫斯特松公司。有一段时间，公司的情况非常糟糕：产量低、质量劣、劳资关系极度紧张。为了解决这些问题，公司聘请了管理顾问薛尔曼来厂里调查。薛尔曼的调查结果显示：员工对管理层缺乏信任，员工之间也缺乏信任。公司内部几乎没有沟通，员工对管理层极度不满，他们指责管理层对他们存在言语侮辱等行为。

　　通过倾听员工的心声，薛尔曼找到了问题的症结，然后制定了一套全面的沟通措施。加上一些管理层的支持，他们在4个月内疏解了员工憎恨、责难的情绪，同时还建立了团队精神，生产能力也有了很大的提高。

后来，公司管理层问薛尔曼："你是怎样解决这些问题的?"薛尔曼笑着说："认真想一想员工需要什么? 如果员工需要尊重，你就给他们尊重；如果员工需要信任，你就给他们信任；如果员工需要赞美，就给他们赞美。很明显，这些他们都需要，你只要给他们想要的，就可以瓦解他们对你的仇视，管理就这么简单。"

从薛尔曼的话中我们发现，人都希望被尊重、被信任、被赞美。作为管理者，如果仅仅依靠一些物质手段激励员工，或依靠权力手段制裁员工，而不着眼于员工的感情是不可能管住员工的心的。

斯特松公司之所以走出了困境，就在于薛尔曼采取了人性化管理方式，满足员工对被尊重、被信任、被赞美的心理需求，充分调动了员工的积极性，增强了公司的凝聚力。

认真想一想员工需要什么，然后给予满足，这就是常说的"投其所好"。

管理心得

管理其实很简单，就是针对员工需要的，想方设法予以满足，以此激励员工，赢得员工的支持和拥护。当然，这里所说的需要是正常的需要，也是公司能够给予的需要，即合理的需要。

034. 展示令下属心动的愿景

有些企业管理者从来不跟下属讲述公司的长远规划和战略部署，员工看不到企业的未来，也无法预知自己的前途，心中充满了不安定的感觉。这样一来，优秀的、不安于现状的员工一旦有了机会，就可能跳槽到有实力的大公司。因此，要想留住员工，管理者很有必要将公司的愿景展示给下属。

黄老板在安徽经营着一家传媒公司，他公司的员工流失率非常高，很多优秀的员工在这里干了一两年就离开了。为了留住人才，黄先生想了一个"缺德"的招——和员工签订长期的合同，如果合同没有到期，员工自行离职，就要支付高额的赔偿金。

后来黄老板的一位朋友来参观他的企业，得知他的做法，痛斥他没良心。他无奈地对朋友说："我也没办法啊，被逼无奈而已。"朋友说："强扭的瓜不甜，员工被你强行留在这里，也不会踏实地工作，你留着有什么用？"

黄先生说："你不知道啊，我们公司在郊区，前不着村，后不着店，打开窗户，看到的是一片荒草地，优秀的人才看不到希望，你说我怎么办？"朋友思考了一会儿，最后给黄先生支了一招：展示令员工心动的愿景。

那天，黄老板亲自主持招聘，他对录用的30名新员工说：

"在座的各位，恭喜你们，因为你们是我们从3000份简历中精心挑选出来的，而且通过了多次筛选，最终留下的人才，可谓百里挑一。"

接着黄老板说："我们公司目前有一个总经理，有一个副总经理，但是明年、后年，可能会相继设立多个事业部，每个部门都有部门经理。我们的产品设计涵盖广告、图书、杂志、报刊，每个领域都会设一个副总经理。因此，只要你们努力，一两年之后，就能成长为公司的副总经理。另外，我要告诉大家，我们将来还会在上海、深圳、武汉、福建、南昌等地设立分公司，到时候你们可以调到离自己家乡最近的地方工作。"

员工们听了这话，顿时热血沸腾，纷纷表示愿意踏实工作，一定努力发挥自己的聪明才干，争取获得更好的发展。后来，黄老板把这番美好蓝图描绘给全体员工看，对全体成员都起到了很好的激励作用。而且黄老板并非说说完事，而是真的按照这个蓝图去规划企业，几年后，他真的做到了。

黄老板在朋友的建议下，向下属展示了令人心动的愿景，让员工明白未来公司的发展状况，以及自己在公司有怎样的前途，很好地激励了员工。

值得注意的是，在向员工描述愿景时可以夸张一点，但不要满口谎言。因为如果员工死心塌地地跟着你，几年过去了，公司仍然一穷二白，那么他们会认为公司在愚弄他们的信任，欺骗他们的感情。那样对员工会造成很大的伤害，对企业无疑也是一种伤害。

管理心得

高明的管理者应该是一个智慧的画家，应该针对员工对公司的期待，给员工描绘一个心动的远景图，并通过一个个具体的目标将这个远景分解，然后带领员工一步步地去努力。

035. 给能干的下属提供值得炫耀的条件

将军带兵打仗，需要配备一匹好马，否则，将军的威力难以充分发挥。因为在古代战争中，双方将军通常要进行一番对战，如果战马不给力，将军在对战中有可能处于不利地位。同样，员工在工作中也需要配备给力的硬件设施。比如，公司要给销售人员配备待机时间长、信号好、功能强大的手机，以便员工在外与客户、与总部保持畅通的联络；公司需要给财务人员配备基本的财务办公用品，如验钞机、计算器、保险柜等；公司要给程序设计人员配备性能良好的台式机、笔记本；公司需要给谈判、公关人员配备专业的商务装、笔记本电脑、轿车……总而言之，不同性质的工作，需要公司配备相应的办公条件，以帮助员工更好地完成工作。

某公司刚招入两名优秀的平面设计员，两人大学毕业不久，虽然看起来有些稚嫩，但是技术十分出色，而且吃苦耐劳，非常受老板的器重。由于他们出身于农村，家里没什么钱，而且自己租房子，离公司比较远，生活挺艰辛。因此，老板给他们分别配了一台性能很好的笔记本电脑。

乍一看，员工生活艰辛与配备笔记本电脑，这两者之间没有必然的联系。但实际上，老板的出发点是：由于公司经常有一些平面设计任务要赶工，而两位设计员住的地方离公司较远，如果他们有笔记本电脑，那么接到公司的任务安排后，就可以及时加班完成任务。

当然，老板做人很厚道，对于两名设计员加班完成的工作，按量计算薪酬。这让两位新人非常感动，工作积极性特别高。

两年后，这两名设计员已经成长为公司的骨干员工，鉴于他们的工作业绩突出，老板给他们分别配备了一部苹果手机。这种厚爱让两位设计员受宠若惊，他们一方面感激老板的慷慨，另一方面，也在亲戚朋友面前"炫耀"公司给他们配备的"硬件设施"有多高级。事实上，这的确对他们起到了很好的激励作用。

其实，给员工配备值得炫耀的条件，并不只是为了方便工作，在一定程度上，对员工可以产生很大的激励作用，让员工透过这些硬件设施看到公司对他们的重视，对他们的诚意，从而使员工更加努力地工作。

管理心得

给能干的下属配备值得炫耀的条件，既有利于员工做好工作，又可以对员工产生较大的激励性。尤其是当员工在亲朋好友面前时，他们会因为公司给他们配备的先进设备而引以为豪。这能让员工在心理上获得很好的满足。

036. 关键时刻拉下属一把

生活不会一帆风顺，谁都可能遇到困难。有些困难凭借个人的能力是难以克服的，这个时候，企业应该及时站出来，在关键时刻拉员工一把，将员工从水深火热、刀山火海中解救出来。

2001年，李生茂刚进入蒙牛集团，不久后被确诊患了心脏病，必须立刻做手术。可是对于出身寒门的他来说，4.6万元的手术费实在太贵了。父母为了凑齐这笔手术费，东拼西凑，仍然只是杯水车薪。到最后，他们只好狠下心来对李生茂说："儿子，我们凑不齐4.6万，我们实在没法子了，你再想想办法吧。"

走投无路之际，李生茂找到了公司液态奶事业部的经理白瑛，把自己的情况反映出来。白瑛又将李生茂的情况告诉给公司的高层，最后，这件事惊动了蒙牛党委，他们立刻发出倡议：为李生茂募捐手术费。蒙牛的总裁牛根生带头捐出了1万元，员工们也纷纷解囊相助，最后捐了3万多元。随后，李生茂成功地做了手术，从此，他和家人对蒙牛充满了感激之情，在工作中，他非常认真负责。

2002年年末，李生茂荣幸被选中前去参加一个大型的设备维修培训班。与他一起参加这个培训班的还有其他公司的两个设备部的经理，在培训即将结束时，两位设备部的经理表示愿意高薪聘请李生茂。李生茂什么也没说，当场扯开上衣，把胸口的伤疤露给他们看，然后坚定地说："我不能为钱活着，不能违背良心，虽然你们可以给我高薪，但是蒙牛却给了我第二次生命。"

当员工落难时，企业如果能伸出援手，拉员工一把，那么这种雪中送炭的行为，可能会让员工铭记一生，感动一生。李生茂之所以面对其他企业的高薪聘请不动心，不就是因为当初他需要手术费时，公司在关键时刻拉了他一把吗？由此可见，爱护员工、帮助员工，关键时刻拉员工一把，对员工有着非常深远的激励作用。

管理心得

佛教有句名言："救人一命胜造七级浮屠。"无论是出于社会公德，还是出于对员工的关怀爱护，企业都有理由在关键时刻帮员工一把。今天，你伸出手去支持员工，明天，员工可能会为公司奉献自己的生命和热血。

037. 只有认真倾听，下属才愿意发表意见

有这样一个案例，对很多管理者都有实战型的启发意义：

有一天，总经理在办公桌前看一份报告，此时，下属小胡

敲门进来了，说："总经理，你有时间吗？我想和你谈谈。"总经理说："有时间，你说吧！"说完他继续看报告。

小胡说了几句之后，发现总经理一直在埋头看报告，没有任何回应，于是他停下来了。过了一会儿，总经理发现小胡没有说话，他抬起头，看到小胡一脸不悦地坐在椅子上。

总经理问："怎么不说了？"

小胡说："我等你看完报告再说。"

总经理说："没有关系，我在听呢！"

小胡说："不，你根本没有听。"说完这话，小胡走出了总经理的办公室。

总经理感到很疑惑，到了第二天，他才明白昨天的做法多么不对。因为小胡本来想告诉总经理一个非常重要的市场信息，但总经理不认真倾听，这令小胡非常失望。所以，他干脆辞职了，跳槽到另一家公司，把这个重要信息告诉给了竞争对手。

面对员工热情的意见反馈，管理者如果不去倾听，这不等于让员工的热脸贴到管理者的冷屁股上吗？倾听是实现有效沟通最重要的环节之一，可惜很多管理者并不懂得倾听，这表现为：当下属刚说一半时，管理者发现下属的意见不对，立即打断："好了，不用说了，你的想法没有用。"当下属说完之后，管理者马上说："不对，你的想法不对。"当然，还包括案例中的那种情况，下属说的时候，管理者没有认真倾听。

那么，什么才叫认真倾听呢？所谓认真倾听，应该包括这样几个要素：眼睛正视下属，表现出感兴趣的样子；不要打断，不要批评，不要露出不认同的眼神；下属说完之后，管理者最好表现出若有所思的样子，然后再去评价下属的意见，而且尽量多赏识、少批评，即使批评，也要用词委婉，充分照顾下属的自尊心。如果管理者能做到这几点，那么下属肯定愿意积极发表意见。

管理心得

认真倾听对下属是一种尊重，一种重视，一种认可，会让下属感觉自己的重要性。如果管理者不懂得倾听下属的意见和想法，那么永远不可能成为优秀的管理者。只有充分重视下属的意见，认真倾听下属发表意见，才能赢得下属的信任和拥戴，得到下属的支持。

038. 善待能力强过自己的下属

尺有所短，寸有所长。作为领导者，并不意味着任何方面都比下属强，而下属在某些方面可能强于领导。在这种情况下，有些领导者害怕下属的光芒掩盖住自己，时间久了难以驾驭下属，更怕下属爬到自己头上，于是对能力强过自己的下属采取种种限制。他们宁愿把重要的工作交给能力平庸的下属，也不愿意交给能力超过自己的下属，而且明里孤立能力强的下属，暗里打压他们，恨不得把他们逼走，以让自己高枕无忧。这就是所谓的"武大郎开店"——只愿意任用比自己矮的人，不愿意任用比自己高的人。时间久了，对企业的发展是非常不利的。

对企业而言，要想发展就离不开优秀的人才。如果管理者不善待能力强过自己的人才，而是处处与他们作对，不信任他们，不重视他们，无疑会伤了他们的心。有朝一日他们离开了企业，对企业就是一种巨大的损失。而当他们进入竞争对手公司时，对企业则是巨大的威胁。因此，明智的管理者往往会善待能力强过自己的下属，通过善待、重视他们，获得他们的真心辅佐和支持，从而为企业的发展壮大做出贡献。

摩托罗拉创业初期，有个名叫利尔的工程师加入了摩托罗拉，他在大学学的专业是无线电工程，有很出众的才能。他的到来，让一些老员工和管理者产生了危机感，他们时不时地刁难利尔，出各种难题为难他。更过分的是，一位管理者趁摩托罗拉的创始人保罗·高尔文出差办事时，找了个理由把利尔开除了。高尔文回来后得知了此事，把那个管理者狠狠地批评了一顿，然后命他马上找到利尔，重新高薪聘请他回来上班。后来，利尔的才能得到了发挥，为公司做出了巨大的贡献。

什么才叫"善待"呢？对人才而言，最好的善待莫过于给他们施展才华的舞台和机会，信任他们，授予他们相应的权力。同时，从小事上表达对他们的重视和关心，这样就很容易获得他们的真心辅佐。

身为管理者，要有容纳能力强过自己的部下的胸怀和气度。也许你的部下能力强过你，但是如果你能成功驾驭他们，使他们为你所用，为你攻城拔寨，那也至少证明了你管理能力过人，那也是你的功劳。所以，请善待能力强过自己的部下。

039. 送给下属超过其预期的礼物

逢年过节、员工生日，领导给下属送礼物，是领导笼络人心的常用手段。可是，有些领导把给下属送礼物当成例行公事的任务，每年都发放一些没有价值含量的礼物，让下属丝毫打不起精神，自然也起不到激励人心的作用。

身为管理者，要认识到一点：给下属送礼物的目的是激励下属，赢得下属的心。因此，与其送下属一些常规性、没有价值感的礼物，不如不送。如果想送，就应该舍得花本钱，送一些真正能令下属心动的礼物。这样才能达到激励下属的目的。

说到令下属心动的礼物，可能有些管理者认为，一定要送下属昂贵的礼物。当然，昂贵的礼物是其中一种，不过，最主要的是要送超过下属预期的礼物。换言之，礼物要给下属惊喜，这样的礼物即便不昂贵，也能令下属心动、兴奋。

除夕将近，还有三天公司就要放假了。那天早上，员工走进公司，发现每个人的办公桌上都有一份礼物。大家充满期待地打开礼物，顿时惊呼起来："没想到，老板居然给员工准备了新年礼物，这也太贴心了吧！"接着，又有员工惊呼："这个礼物这么精美，真的没想到。"

几个后到的员工还没进门，就被先到的同事拉进来了，说："快点啊，你怎么这么晚才到啊，你桌子上有礼物，快去看看。"

大家发现，老板给男员工每人买了一条皮带，给女员工每人买了一条珍珠手链。皮带的皮质很好，珍珠手链也非常精美，看起来很上档次。

大家没有想到，平时看起来高高在上的老板，一贴心起来，居然显得那么和蔼可亲。他送给员工的礼物，完全是站在员工角度来看的，作为女员工，谁不喜欢漂亮的饰品呢？作为男员工，谁不希望有一条显档次的皮带呢？

礼物是否昂贵、是否精美，其实不是最关键的，关键要超乎员工的预期。如果在员工的预期内，新年前夕公司不会给他们准备礼物，但是老板却出乎员工的预料，给他们准备了礼物，这无疑是一个惊喜；如果员工预期公司给他们的礼物是一箱苹果、一箱牛奶，但老板却给他们每人准备了一箱苹果、一箱牛奶、一个大大的红包，那么多出来的红包就会令员工们惊喜。由此可见，给员工送礼物也要懂心理学，超乎预期的礼物总是显得那么有价值。

理查德·布朗森是英国维京集团的老板，他曾花费200万英镑的巨资，在澳大利亚买下一座25万平方米的热带岛屿，送给了全体员工，作为大家的度假胜地。这座小岛靠近澳大利亚昆士兰的冲浪圣地阳光海岸，从高空看下去，小岛的形状酷似心形，被当地人称为——"缔造和平"。原本布朗森想把这个岛作为自己的私人度假地，但在得知公司创下了230%的利润增长率之后，他决定把这个小岛送给大家作为礼物。这一举动超乎全体员工的预料，大家没想到老板这么大方，他们深受激励。刚买下时，小岛上只有几间简单的木屋，后来布朗森花巨资在上面建造了度假休闲中心，除了各种水上运动，还建造了网球场、林间跑道等。

以往我们经常听到员工给领导送礼，为的是巴结领导，拍一拍领导的马屁，希望得到领导的关照和提携。而今，聪明的老板懂得换位思考，他们通过给员工送礼物来笼络人心，激励员工奋发努力，这很好地彰显了老板的风范。

管理心得

无论是过年过节，还是在某个平常的日子，老板都可以借用送礼物来表达对下属的关爱。比如，某个员工业绩突出，老板送给他一件意想不到的礼物，这不但能激励本人，也能激励全体员工。也许只是一份不起眼的礼物，但却能增添员工与老板之间的感情，提升团队的凝聚力。

040. 处处设防会损害人才的积极性

　　员工是企业的财富，是为企业创造财富的生力军。但遗憾的是，有些管理者却把员工当成"贼"一样防着，防什么呢？防止员工偷窃公司的财物、重要信息；防止员工上班偷懒，不认真干活；防止员工上班迟到、下班早退等等。怎么防呢？动用高科技——监控摄像头，全天 24 小时无死角监控。试问，在这种环境中工作，员工能身心放松吗？在这样的企业上班，员工会对企业产生归属感吗？

　　成都一家通信公司的管理者，为了提高公司的业绩，防止员工工作效率低下等问题，他们采取了严格的管理措施。具体怎么做的呢？公司不惜成本，高价购买现代监控设备，在办公室里安装了 8 个摄像头。从各个方位对员工的一举一动进行监控，员工有任何开小差的行为，都能从摄像头中清楚地发现，更甭说员工上班迟到和早退了。

　　工作压力原本就很大的员工，见公司采取这种方式管理，一个个义愤填膺，他们认为公司侵犯了他们的隐私权和自由权，要求公司停止这种不人性化的管理模式。但是公司管理者对员工的不满置之不理。

　　刚开始一段时间，的确有了明显的收效。员工迟到、早退的现象减少了，也没有员工在工作时开小差。大家看起来都在认真工作，但是工作效率却没有明显的提升。因为公司可以管束员工的身体，却管不住员工的心与精神，员工的心思不在工作上，摄像头能监控到吗？

更严重的是，几个月后，公司的十几个技术骨干集体跳槽到另一家公司。这时公司管理者才慌了神，立即拆除了摄像头，但为时已晚，因为这个不明智的举动已经造成了公司人才大量流失。

员工不是罪犯，不应该被监控；员工不是家贼，不应该被防备。如果管理者处处设防，表现得极不信任员工，那么将伤害员工的自尊和感情，很容易打击员工的积极性。因为管人不是办法，最重要的是"管心"，只有正确地"管心"才能赢得人心，才能让员工自觉地遵守公司的制度，认真地对待工作。所以，千万不要把权力当武器，不要把员工当小偷。

管理心得

要想员工认真对待工作，靠强硬的设防是不可行的，聪明的办法是营造守信的企业氛围，使大家感受到尊重和信任，让员工对管理者产生好感，他们才会服从管理和指挥，才会真心为企业付出。

041. 多下柔性的命令

有些领导对待员工时，喜欢高高在上地指挥，尤其是在下命令的时候，他们总是摆出一副颐指气使的样子，扯着嗓门大声命令下属："叫你怎么干，你就怎么干！"当下属提出意见时，他们一脸不悦："你是领导还是我是领导？说那么多废话有用吗？"在这种强硬的命令下，下属感受不到领导的尊重，久而久之，就会对领导失去好感和信任，工作的积极性和创造性也会受到极大的打击。

一个优秀的领导绝对不会用强硬的命令来管理下属，不会以上压下，更不会用带有威胁的语言或举动，而是用商量的口气下达命令，他们在下命令时会对下属说："我这里有个任务想交给你去负责，你觉得可以吗？""对于这个任务，你有什么想法吗？""你觉得难度大吗？需要我为你做什么？"当下属想提意见和想法时，他们往往会鼓励道："你有什么想法尽管说！"通过这种温和的语态，可以很好地瓦解下属的逆反情绪，最终赢得下属的服从。

威廉·曼斯菲尔德伯爵曾在给儿子写的一封信中说过这样一番话：

当你下达命令时，如果能以温和的态度命令他人，对方一定会很高兴，并以愉快的心情接受你的命令。可是，如果你粗暴地命令别人，别人大概不会接受你的命令，或者接受了但是不认真去实施。例如，我对下属说："给我倒一杯白兰地来！"下属接到这个命令时，可能很想把白兰地倒在我的脸上，因为我的态度太恶劣了。

威廉·曼斯菲尔德伯爵告诉儿子，在下达命令的时候，语气里一定要深含"我希望你服从"的意味，表现出一种坚定和冷静的意愿，这是非常必要的。但态度一定要温和，让对方能够愉快地接纳你的命令，这才是明智的。

温和地下达命令又叫"柔性命令"，它是与强硬命令相对而言的。身为管理者，在下达柔性命令时，要注意几点：一是要让下属看到你的尊重和诚意，二是要让下属看出你是希望他接受你命令的，三是征询下属的意见，看下属执行你的命令有什么顾虑和难度。做到了这样三点，下属通常会乐意接受你的命令。

管理心得

权力在手是一件好事，但不要把权力当成耀武扬威的工具。在下达命令的时候，管理者要注意自己的语气和态度，要表现出对下属的尊重，才容易得到下属的支持和服从。

042. 既要会唱红脸，也要会唱白脸

在京剧里，演员的面部都要化妆，这样才能表现出各种不同的人物特征。红色的脸谱表示忠勇，白色的脸谱表示奸诈。俗话说："既要会唱红脸，也要会唱白脸。"说的是在人际关系中，要学会根据外在的环境调整处事的态度，该强硬时要强

硬，该温和时就要学会温和；该真诚待人时要真诚待人，该阴险狡诈时就要学会阴险狡诈。

为什么要这样做呢？因为凡事不可走极端，任何一种单一的方法都难解决问题。比如，管理者对下属太宽厚，可能下属会变得无法无天，这样就约束不了下属，管理者也失去了威严；管理者对下属太严格，搞得公司内气氛紧张，毫无生气，也不利于调动下属的工作积极性。因此，管理者"既要会唱红脸，也要会唱白脸"。

清朝的乾隆皇帝就是一位擅长唱红白脸的领导者。他在当政时期，凭借人才济济的智力优势，靠着康熙、雍正给他奠定的丰厚基业，也靠着他本人的雄才韬略，把国家管理得井然有序，深受臣民的颂扬。

乾隆既会文治国家，又擅长武力安邦。他对知识分子唱红脸，采取怀柔政策。他规定：皇族的老老少少见了大学士，都要行半跪礼，称"老先生"。如果这位大学士还是教书育人的老师，大家要称他为"老师"，自称"门生"或"晚生"，以表示对大学士的尊敬，也表达自己的谦虚之情，这样做无非是想笼络读书人。

为了维护皇权至上、族权至上、朝廷至上的威严，乾隆对目无尊法者会改为唱白脸，满脸堆笑立马充满杀气。不管你是有意无意，都会被捕入狱，轻者"重谴"或"革职"，重者"立斩"或"立绞"。在位期间，乾隆大兴文字狱，有案可查的多达 70 余次。可见，唱白脸达到了怎样的境界。

身为公司领导，也要掌握唱红脸和唱白脸的艺术，可以摆出一张微笑的面孔，对员工们说："可以，很好。""大家辛苦了，谢谢。"使大家获得尊重和激励，工作起来更有积极性。也可以摆出一张严肃的面孔，表现出威严的一面，甚至怒发冲冠："不行，重新来过。""不能这么做，必须这样……"以此指挥大局，使工作有条不紊，更有效率。

管理心得

世界上没有绝对的事情，每种脸谱都不是万能的，正如老子所说："祸兮，福之所倚；福兮，祸之所伏。"因此，管理者既要学会唱红脸，也要学会唱白脸，根据具体情况来变换使用，以达到管事管人管心的最终目的。

043. 挖掘员工的内在动力更重要

人之所以积极奋斗，是因为受内在动力的驱使，而内在动力主要源于潜在需求。因此，管理者在激励员工时，应该找到下属的潜在需求，通过满足员工的潜在需求来激发员工的内在动力，使员工在内在动力的驱使下积极工作。

王老板创办了一家房地产销售公司，该公司坐落在中原地区县级城市。公司创办时，为了能吸引优秀的销售人才，王老板给员工定了较高的底薪和业绩提成。前来应聘的年轻人很多，而且刚开始工作热情都非常高。

两年后，这些销售员大多成了公司的业务骨干，工资比两年前高了很多，但他们的工作热情却慢慢消退了，甚至有人跳槽到提成更低的同行房地产销售公司。王老板很纳闷，不明白员工为什么要跳槽，于是，他找到"明星员工"小刘，想问明情况，不料小刘对他说："王总，我正想找你呢，我想辞职。"

"为什么啊？"王老板更加不解，"小刘啊，我对你可不薄啊！"

"王总，我知道你对我不薄，待遇也不错，可是我马上要结婚了，女朋友跟我说了，买不起房子就要和我吹了，你说我怎么办？"

王老板气不打一处来，说："什么逻辑，你以为跳槽就能买得起房子吗？别折腾了啊，我很看重你的，你跟我好好干，保证两年后你能买房，而且我还会提拔你做销售部的副经理。"

"实在对不起，王总，我想去的那个公司说了，如果我能在一年内业绩排名前3，不仅买房有优惠，而且公司还会贷款让我交首付。我想，如果我好好努力，一定可以进入前3名。到时候，年底就可以买房了，明年就可以结婚了。"

王老板当即恍然大悟，说："原来你是冲着房子才想跳槽啊，我明白，那几个辞职的同事也和你一样的想法吧？"

"是的，王总。其实我对公司挺有感情的，我喜欢在你手下工作，我觉得咱们公司发展前景很好，可是现实太残酷了，我必须快点买房子结婚。"小刘无奈地说。

"小李，你先别着急跳槽。给我三天时间，我一定给你一个满意的答复。"

三天之后，王老板针对竞争对手公司，制定了能够满足员工潜在需求的奖励政策，其中有一条是：年底考核，业绩排在前5名的员工，公司授予他"明星员工"称号，除了给他原有的绩效提成外，还提供七折优惠的购房价，而且无息贷款给员工付首付款。

新政策出来之后，那些躁动的、想跳槽的员工工作热情再度高涨，公司业绩不断攀升。

员工有怎样的潜在需求呢？这需要管理者去了解，管理者可以与员工进行交流，了解员工内心最想实现的愿望。如果公司条件允许，管理者权衡利弊之后，就有必要针对员工的潜在需求，制定一个有效的激励措施，以此激发员工的内在动力。这对员工将起到非常大的激励作用。

事实上，找到员工的潜在需求，挖掘员工的内在动力，比单纯地用金钱奖励更能激发员工的工作激情。比如，员工想和新婚的妻子度蜜月，但是公司却说："公司不能准你假，但是可以奖励你5000元。"试问，准许员工新婚度蜜月与5000元奖金，哪个更能激励员工保持工作激情呢？所以，管理者应当有的放矢，针对员工需求挖掘其潜在动力。

管理心得

优秀的管理者应该是激励高手，最聪明的激励手段就是找到员工的潜在需求，然后针对这个需求，设定一个操作性较强的激励措施，以此激发员工内在的动力，这样员工才会充满激情地去工作。

044. 让员工认为自己是公司的主人

很多管理者整天想着树立员工的主人翁精神，而且为此做了大量工作，但仍得不到员工的响应。员工没觉得自己是公司的主人，在公司找不到归属感，这是为什么呢？这其中的原因有很多，一个常见的原因及解决方案如下。

原因：员工没有与企业并肩作战的经历。

有这样一个企业，伴随着企业的发展壮大，员工不断增多。但非常难得的是，企业很少主动辞退员工，除非员工严重违反了制度和公司纪律。因此，一些在企业创业初期进入企业的员工，若干年后变成了老员工，即使他们退休了，也会经常来企业看看，还不时给公司管理者出谋划策，对新员工进行技术指导。有人问这些老员工："外面有很多工作的好机会，你们为什么都不去?"那些老员工的回答很简单:"我们大半辈子都在这里,已经习惯了,这里就像我们的家一样。"

那些老员工把企业当成家,是因为他们大半辈子都在这里,他们曾与企业并肩作战,从小做到大,从弱走向强,企业的发展壮大有他们的功劳。就像父母看到孩子长大一样,心中会充满自豪感,这种自豪感是促使员工产生主人翁精神的重要因素。

解决方案:一是让员工看到自己努力的成果。人们都有这样的心理:对于自己付出努力得到的东西会格外珍惜。这就要求管理者公正地对待员工的功劳,千万不可把员工的功劳归功于自己,而忽略、否定员工做出的努力。因为没有人希望自己的利益被剥夺,除非他自愿奉献。所以,要想得人心,就要把企业成果与每个员工联系起来,让他们知道,企业的成功有他们的一份功劳,而不是削弱他们共同奋斗的情感联系。

二是重视员工,鼓励员工参与决策。在进行决策时,管理者如果不让员工参与进来,只是一味地让员工充当配角和执行者,那么久而久之,员工会自然而然地把自己当成公司的外人,觉得自己无足轻重。因此,明智的做法是,不断提高参与决策的人数,因为参与决策的人越多,决策一旦制定出来,获得的认同和支持也就越多,在执行中,来自内部的阻力就会减少。而且当员工提出意见时,管理者要给予认可和赏识,使员工感到被赏识、被重视。

三是执行时，大胆地授权给员工。授权是组织运行的关键，企业要发展，就必须正确运用授权，把处理用人、用钱、做事、交涉、协调等决策权下放给下一级管理者，把执行权下放给员工，通过层层授权，层层负责，可以加强组织的运转效率，也可以提高员工工作的主动性。如果管理者不懂得授权给员工，员工觉得做什么都要听领导安排，领导没有安排，他们就不做。这样在员工工作中就会变得很被动、很消极。

总之，要想让员工把自己当成公司的主人，有强烈的主人翁精神，管理者应该着力于以上三点。

管理心得

员工的主人翁精神不是天生的，管理者可以从三个方面去努力：让员工看到自己努力的成果；重视员工，鼓励员工参与决策；执行时，大胆地授权给员工。

045. 给予员工足够的重视

很多管理者认为，只要给员工足够的薪酬，员工就会乖乖听话，认真干活，为企业创造效益。事实上，仅仅只有足够的薪酬是不够的，还必须对员工有足够的重视。试想一下，如果管理者经常对员工说："我给你那么多工资，如果你不能给公司创造效益，你就马上给我滚。""我让你来是解决问题的，如果你不能解决问题，我要你干吗?"这样，员工能感受得到重视吗?

不可否认，薪酬很重要，但多数员工认为获取薪酬是工作应得的。如果说薪酬是权利，那么来自领导者的重视就是礼物。员工真正想要的，除了符合期望的工资待遇之外，还有每次完成任务后获得的尊重和赏识。正如玫琳凯化妆品公司创始人玫琳凯·艾施所说的那样："这好比每个人的脖子上都挂着一个牌子，上面写着：我需要受重视的感觉。"因此，管理者要重视员工，并让员工真切地感受到你的重视，这样才能更好地激励员工。

要想表达对员工的重视，并不需要花钱，关键是要让员工看到你的诚意。也许只是一个很小的举动，就能深深打动员工，让他们心甘情愿地追随你。比如，有一家公司的老板每次给员工发放工资时，都会在装工资的信封里塞一张致谢的小纸条，或者直接把感谢的话写在信封上。这个小小的举动让大家感受到公司的认可和重视，很好地激励了大家。再比如，当员工提出建设性的意见时，管理者可以当众赞扬道："这个主意真不错，太棒了。"这样能让员工从认可中感受到被重视的感觉。

管理心得

作为一名管理者，你应该不断地向员工传达一个信号：他们对你很重要。事实上，没有什么比员工对公司的态度更重要。因此，管理者必须表达出对员工的重视，这意味着企业的效率、效益将大大提高。

046. 管理者不能超越制度权威

在企业中，总有一些管理者喜欢把自己凌驾于制度之上，任意践踏制度，而自己丝毫不以为然。比如，有些管理者要求员工在公司不得抽烟，自己却一天到晚叼着香烟，在员工面前吞云吐雾；有些管理者要求员工不得在上班的时候玩游戏，自己却整天在上班的时候玩游戏；有些管理者要求员工上班不能迟到，自己却经常姗姗来迟……

如此这般，怎能让员工信服呢？这样会严重损害公司制度的威信，也影响老板的领导形象。对企业实现规范化、公平化管理是极为不利的。因此，真正高明的管理者，绝不会超越制度的权威，他们懂得带头遵守制度，努力维护制度的权威性。

1946 年，松下公司出现了前所未有的困境。为了走出困境，松下幸之助要求全体员工不准迟到、不得请假。然而，规定出台后不久，松下幸之助本人就迟到了 10 分钟。原因是司机没有准时来接他，他只好坐公共汽车，可是左等右等，公共汽车也没来，最后迟到了 10 分钟。司机之所以没有准时来接他，是因为司机班的主管督促不力，导致司机睡过了头。

松下幸之助没有为自己找借口，而是按照规定批评和处罚了相关人员，也包括自己。首先，他以不忠于职守为理由，处罚了司机；其次，他以监督不力为理由，处罚了司机的直接主管、间接主管，共计 8 人。最后，松下幸之助处罚了自己，而且处罚最重——退还了全月的薪金。

仅仅迟到了 10 分钟，就处罚这么多人，连自己也不放过，有这个必要吗？在松下幸之助看来，这是非常有必要的，因为这样可以维护制度的威信，对全体员工起到教育作用，使大家今后坚决遵守公司的规定。

我们常说："制度面前，人人平等。"意思是，无论你是普通员工，还是高级管理者，在制度面前都是平等的，谁都没有特权，谁都不能凌驾于制度之上。身为管理者，应该带头做遵守制度和规定的榜样，当自己不小心违反制度时，应该积极接受处罚，这样才能树立公平的企业风气，让员工们信服你。只有你得到了员工的信服和支持，你的管理工作才能顺利地展开。

管理心得

"火车跑得快，全靠车头带"。身为管理者，若想让企业这辆列车高速有效地运转起来，就必须和员工一起去维护制度，绝不超越制度的权威。这样才能为员工做表率，才能给大家树立一个正面的领导形象。

047. 让下属觉得是他自己在做决定

当下属处于主动的状态下时，他们的潜能和热情就容易得到充分发挥。如果下属处于被动的状态下，那么他们就容易失去自主意识，领导怎么说，他们就怎么干，这样一来，他们的优势和潜能就不容易得到发挥。那么怎样才能让下属处于主动的状态下呢？最好的一个办法是让下属觉得是他在做决定，韩国前总统李明博就非常擅长此道。

有一次，李明博看到美术馆、公园等文化服务机构的上下班制度后，感觉很不合理。因为这些机构的上下班时间和其他企业的上下班时间是一样的，这样一来，上班族下班之后如果想去这些机构也没有机会。

虽然李明博觉得这种上下班制度不合理，但是他并没有直接说出来，而是与下属进行了三次"启发性"的谈话，使下属明白他的真实意思。三个月后，下属调整了开馆时间，以便市民在休假日更好地参观这些机构。然后，李明博对下属的决定给予了充分的肯定和赞扬，使下属感到了认可。

与李明博的做法相似，松下幸之助也善于把自己的想法变成下属的想法，让下属觉得是自己在做决策。在日常的经营中，当他有与下属不同的意见时，他不会立即说出自己的意见，而是多与下属交流，与下属探讨，委婉地暗示自己的想法。当他觉得下属的意见比较成熟时，他会对下属说："你的想法真不错，好，就按你说的办吧！"

工作中，管理者需要与下属互动，需要下属积极建言献策，因为下属参与程度越深，积极性越高。在互动与交流中，管理者可以努力把自己的意见与下属的意见充分融合，让下属觉得是他自己在做决定。这样更有利于激发下属工作的积极性。

管理心得

大多数下属都喜欢按自己的决定去行动，而不希望一味地听从别人的安排。因此，即便一项决策是管理者的意见，也要想办法让下属觉得是他在做决定，这对提高下属的执行力是非常有益的。

048. 不给予信任，千金难买员工心

信任，是人的一种精神需求，是管理者对人才的极大褒奖和安慰。来自管理者的信任，可以带给员工信心和力量，使其无所顾忌地发挥自己的才能。然而，有些管理者并不能做到充分信任员工，他们怀疑员工的能力，甚至有时候还会怀疑员工的人品，这往往会令员工大失所望或火冒三丈。

在企业中，如果管理者对员工不信任，企业的凝聚力就很难增强，经营效益也难以提高，企业的竞争力就会严重受到影响。

美国有一家企业，拥有4万多名员工，在1984年的营业额高达33亿美元，实力可见一斑。可是几年后，公司的凝聚力越来越差，人心涣散。原因就是公司的总裁对本家族以外的高层领导者不放心，也不信任。当外部竞争环境发生变化时，他不及时听取公司管理者的意见，而是把公司的大权交给了自己的儿子，使本该行使公司权力的经理人遭到冷落，导致许多有才华的经理人在关键时刻离职，公司业绩一败涂地，到了不可收拾的地步。

　　对人才不信任，千金难买员工心。这对企业是非常可怕的，一旦员工感受不到信任，他们就会与公司离心离德。日本松下公司的一位总裁曾经说过："用人的关键在于信赖，用他，就要信任他；不信任他，就不要用他。这样才能让下属全力以赴。"

　　比尔·盖茨就非常信任员工，他认为自己的员工都很聪明，应该让他们自行决策。如果员工不守法，他会单独处理这个员工，而不是处理所有的员工。在微软，管理者从不规定研究人员的研究期限，只对技术人员规定了期限。因为他们认为，真正的研究是无法限定期限的，但是开发必须有期限。这就是研究与开发的最根本区别。

　　巴特是微软的首席技术官，对于盖茨对员工的信任，他颇有感慨。52岁时，他在盖茨的亲自面试下进入微软，在一个相当宽松的工作环境中，独立地研究他感兴趣的问题。有时候，盖茨会问他一些很难解答的问题，比如大型存储量的服务器的整体架构应该是怎样的？对于这类问题，他一般无法马上做出回答，而要在整理一下材料和思路的基础上作答。在盖茨的信任下，巴特可以安心地从事自己喜欢的科学研究，最后他为微软研究出很多高价值的产品。

由此可见，信任员工，可以充分激发员工的创造性，为公司带来不菲的价值，这是金钱所换不来的激励效果。所以，管理者决不能让员工处在一种被监视、被怀疑的状态下工作，这会让他们背上心理包袱，这对企业、对员工都是没有好处的。

管理心得

作为管理者，应该信任员工的道德品质，信任员工的办事能力。如果做不到这两点，那就不要留用员工。如果想留用员工，就要用信任为他们松绑。否则，让员工背着不被信任的包袱工作是非常愚蠢的。

049. 聆听员工的心声

身为管理者，如果你想知道企业在公众眼中的形象如何，可以通过多种渠道去了解，比如，可以访问客户、股东、商业媒体和金融分析家，让他们发表对你企业的看法。但是，最不可忽视的人应该是本公司的员工，只有认真聆听他们的心声，你才能更好地了解公司的状况。

工业制造商伊顿公司十分重视聆听员工的真实心声。几年前，公司通过 21 种语言调查了 55000 名来自不同地区的员工，调查的内容包括公司的商业道德、价值观、员工敬业度、员工关系、管理层工作效率及战略愿景等。

伊顿的人力资源副总裁库克表示："员工的反馈对企业的发展真的很有促进作用，可以帮助公司检查和改进业务运作方式。他们其实已构成了我们的商业战略、财务或继任计划的一部分。"

哈佛大学心理学教授梅奥曾经表示："凡是公司中有对工作发牢骚的员工，那家公司的老板一定要去聆听他们的心声，这比让员工把牢骚埋在肚子里更容易成功。"

美国心理学家曾做过一次有价值的实验：这个实验的周期为两年，在两年内，两组专家持续与员工交谈，只不过他们采用的方式不同。一组专家认真地倾听员工对公司的各种不满和意见，并详细地做记录。另一组专家找另一家公司的员工交谈，但是在交谈中，他们不断地反驳和训斥员工对公司的不满心态。

在两年时间里，他们与员工交谈的次数达到两万余人次。结果，他们发现前一家公司的生产效率大幅度提升，而后一家公司的生产效率越发低迷。经过研究，心理学家得出结论：前一家的员工在发泄之后，感到了心情舒畅，所以干劲高涨。而后一家企业员工内心的不满无处发泄，感到情绪低落，越来越没有工作积极性。由此可见，聆听员工的心声对公司发展的意义有多重要。

管理心得

管理者是否重视员工，公司的制度、薪资待遇、工作安排等是否令员工满意，这些只有通过聆听员工的心声才能了解到。如果管理者不懂得聆听员工的心声，甚至处处施压，不让员工表达心声，那么企业将会失去希望。

050. 让下属知道你"疼"他

公司就像一个大家庭，管理者就像家长、父母，员工就像孩子。因此，管理者应该关心员工的疾苦，就像父母疼爱孩子一样。这样才能使得企业上下一心，同舟共济。

小杨是一家饭店的普通员工。一个雨天，饭店的地板砖上湿滑湿滑的，她不小心摔倒了，正当她挣扎着想自己站起来时，经理看到了，赶忙跑过来，关切地问："摔得重不重？我带你去医院检查一下吧！"

小杨感激地说："不用了，我揉一揉就没事了。"经理看到她的腿摔破皮了，坚持带她去医务室搽了点药，让她歇一歇再工作。在搽药的时候，经理对她说："如果不舒服，下午就不用来上班了，算公假。"

经理的言语让小杨非常感动，她没想到一个普通服务员也能得到经理的疼爱。从此以后，她逢人就夸经理人好，还说自己有时想偷懒，但一想到经理对她那么好，就立马打消了偷懒的念头。

在公司，如果你能像这位经理一样"疼爱"下属，给下属诚挚的关切，那么何愁公司不能发展起来呢？要知道，疼爱下属比发几百元奖金更能赢得下属的忠心。因为人不光需要物质奖励，更需要精神上的关怀。当一个人在良好的情感环境中时，才会产生强烈的热情和积极性。所以，在企业管理中，让下属知道你"疼"他，是非常重要的情感投资手段。

唐太宗李世民非常重视屈尊礼贤和关心下属的疾苦。朝中重臣徐懋功得了重病，御医开出的药方上说：需用胡须灰做药引，方可治愈。李世民得知此事，亲自把胡须剪了，给他做药引子。这一举动把徐懋功感动得泪流满面。大臣马周患了重病，李世民给他找名医治疗，还亲自为他调药，让皇子们亲临询问他的病情，可谓关怀备至。还有一次，一名大将在征战中被箭射伤，李世民亲自为他吮血，将士们得知此事，无不感动，所以李世民深得士卒之心。

可见"心疼"下属，对一个管理者来说有多么重要。

管理心得

管理者把员工看成自己的孩子，自己的家人，把员工的疾苦时刻记在心上，才能赢得员工的爱戴。因此，管理者要从内心出发、从点滴处去关心员工，让员工感受到你的疼爱，这样就很容易打动人心。

051. 与下属沟通时多说"我们"

一家分公司的经理接到客户的投诉后，向总公司的经理汇报情况。他说："你的分公司产品质量出现了问题，引起了顾客投诉……"

总经理十分生气地打断他，严厉地质问："你刚才说什么？你说'我'的分公司？"

分公司经理没有听明白，他又将刚才的话重复了一遍："是的，你的分公司……"

总经理怒吼道："你说我的分公司，那你是谁？难道你不是公司的一员吗？"

分公司的经理这才意识到自己的错误，马上纠正道："对不起，是我们分公司的产品质量出了问题……"

"我"与"我们"虽然仅一字之差，但在沟通中，所产生的效果相差甚远，这主要表现为给听者造成的感受不同。当你说"我们"时，听者心里会高兴，因为你把他拉入了你的团队，他觉得和你是一个队伍；当你说"我"时，听者心里会不舒服，他会觉得话题与他无关，他感觉不到你的重视。

身为管理者，在与员工沟通时，应该常用"我们"开启谈话，而不是"我"。因为虽然公司是你的，但是你需要员工与你荣辱与共、同甘共苦，而不是将员工与你割裂开来，否则，员工觉得自己是公司的外人，他们就可能不负责地对待工作。

管理心得

不要认为员工的问题只是员工的问题，也不要认为公司的事情只是自己的事情，而要把"团队"的概念装在脑子里，多用"我们"开启谈话，这样你所传递的信息才容易被他人认同和接受。

052. 将心比心，棘手问题不再棘手

有人说，管理的最终目的是安定人心、提高企业的效益。在提高企业效益的过程中，公司难免会碰到一些人际方面的棘手问题，这时候"将心比心"是解决问题的最好办法。所谓将心比心，指的是拿自己的心去衡量别人的心，形容做事应该替别人着想。

里根有一次患病了去医院输液，一位年轻的小护士给他扎针，可是连扎两针都没有把针扎进血管。里根看到针眼处起了青包，疼得想抱怨几句，但当看到那位小护士额头满是汗珠

时，突然想到了自己的女儿，于是忍住了抱怨，转而用安慰的口气说："不要紧，再来一次。"

第三针成功地扎进去了，小护士长舒了一口气，对里根说："先生，真是对不起，这是我第一次给病人扎针，谢谢你让我扎了三次。刚才我太紧张了，要不是你鼓励我，我真的不敢再给你扎针了。"

里根对小护士说："我的小女儿立志要上医科大学，有一天，她也会有第一位患者，我希望那位患者也能宽容和鼓励她。"

在这里，里根在想抱怨小护士的时候，想到了自己的小女儿，通过将心比心，他把抱怨变成了鼓励，从而促使小护士能够完成任务。

俗话说："人非圣贤，孰能无过。"下属在工作中出现失误，未能按期完成任务，这样的情况是难免的，这个时候管理者最好去体谅下属，因为很多管理者曾经也做过下属，也犯过错误。试着将心比心，换位思考，问题就能很好地得到解决。否则，一味抱怨、指责下属，只会令下属倍感压力，还会使下属对管理者产生怨言。

管理心得

在工作中，管理者应该学会将心比心，当下属遇到困难，未能及时完成任务时，管理者与其一味地抱怨、批评和指责，不如将心比心地站在下属的立场上，考虑下属的难处，学会宽容地对待下属，这样更有利于下属完成工作。

053. 忠诚，不是让员工做一个听话的木偶

有一项针对世界著名企业家的调查，其中有一道题：你认为员工最应该具备哪一种品质？结果，所有企业家无一例外地选择了"忠诚"。为什么企业家们都希望员工忠诚呢？如果你认为，企业家希望员工忠诚就是希望员工听话，对管理者唯命是从，那么你就大错特错了。因为一个没有主见、没有思想，整天只知道对管理者唯命是从的员工，并不能给企业的发展带来帮助。

那么，真正的忠诚是什么？通俗一点来讲，忠诚就是跟老板一条心，维护企业的利益，对工作认真负责、尽心尽力。但是忠诚不等于盲从，不等于唯命是从，否则，员工的聪明才智就无从发挥，员工的智慧无法被充分利用，仅靠几个管理者的智慧，企业何谈发展呢？

老赵是一家食品包装设计公司的老板，小张是公司的设计部经理，非常受他的器重。当年小张刚进公司时，老赵给了他充分的信任和机会，使小张的才能得到发挥，并一步步提拔他为公司的设计部经理。后来，因公司经营不当，导致公司面临很大的危机。在这种情况下，有些员工纷纷离公司而去，但小张却坚持留了下来。这是非常难得的。因为小张的能力在行业内颇为有名，曾有多家企业出高薪想把小张挖走，但小张都拒

绝了，他说要报答老赵的知遇之恩。这让老赵非常感动。就在这个时候，公司谈了一个大项目，这个项目足以挽救公司的命运。老赵非常重视，每天都去设计部看设计进展。这天，老赵看到小张设计的产品包装后，显得不满意，他说必须把包装的颜色改成黄色。但小张坚决不同意，并与老赵据理力争，这让老赵很不高兴。后来，小张的设计得到了客户的赞赏，老赵这才心服口服。

每个老板都希望员工对自己忠诚，但忠诚不是愚忠。在这一点上，小张做得很好，当他的设计观点与老板产生分歧时，没有放弃自己的观点而附和老板。员工的这种敢于坚持的勇气，值得每一位管理者尊敬。

事实上，小张对公司的忠诚不是表现在对老板唯命是从，而是表现在对陷入困境的公司不离不弃上。在企业中，如果你遇到了像小张这样的员工，一定要珍惜和重用他，给他更多的信任和支持。这样，他对公司的忠诚才会更有利于团队的稳定。

管理心得

员工是有思想、有感情、有自主意识的人，而不是一个只会按老板吩咐去做的机器。因此，千万不要因员工与你有意见冲突，就认为他不忠于你、不忠于企业。要知道，员工忠诚的重点表现在对公司没有二心，一心一意为公司着想。

054. 让员工产生"自己人"意识

在心理学上，有个著名的自己人效应，也称同体效应。它是指人们对"自己人"所说的话更信赖、更容易接受。在企业管理中，管理者如果想让自己的言行更具影响力，可以想办法让下属产生自己人意识。因为当下属把你当成自己人，把你与他归为同一类人时，会对你产生更强烈的信任感。

怎样才能让下属产生自己人意识呢？最好的办法是对下属进行感情投资，与下属建立充分的信任关系，消除下属的顾虑和担忧，让下属感受到你的重视与关爱，进而愿意尽己所能，踏实工作，充分发挥自己的潜力。

陶华碧——一个没有上过学、仅会写自己名字的农村妇女，居然在短短几年时间内，创办了一家资产高达几十亿元的私营企业——"老干妈"公司。她是怎样做到这点的呢？她又是怎样管理1300多名员工的呢？

记者通过采访发现，陶华碧的成功很大程度上在于她实行亲情化管理，自始至终对员工进行感情投资，使员工感受到在公司就像在家一样，从而把自己当成企业的自己人。

陶华碧十分重视员工的利益，在员工的福利待遇上，她充分考虑了公司地处偏远、交通不便、员工吃饭难等因素，制定了包吃、包住的规定。即便公司如今员工多达1300人，这个规定仍然没有废除，要知道，这么庞大的企业，对全体员工实行包吃、包住，哪家企业做得到？然而，陶华碧不管花多大的"血本"也始终坚持这么去做。

除此之外，陶华碧还擅长在人们想不到的地方关心人、体谅人。比如，当员工出差时，她总是像老妈妈送儿女远行一样，亲手为员工煮上几个鸡蛋，然后把员工送到厂门口，直到看到员工坐上了公交车才离去。这些做法深深赢得了员工的心，使员工产生了自己人的意识。因此，大家在工作中能够保持积极性。

在员工的心目中，陶华碧就像母亲一样和蔼可亲、可爱可敬。因此，在公司里，没有人叫她董事长，大家都喜欢叫她"老干妈"。

身为企业的老板，谁能像陶华碧一样对待员工呢？有多少人能像她那样从细微处关心每个员工呢？尽管陶华碧没有文化知识，但是她懂得一个道理：关心一个人，感动一群人；关心一群人，感动整个集体。这种亲情化的感情投资，使"老干妈"公司的凝聚力只增不减。这就是员工"自己人"意识对企业发展产生的积极作用。

管理心得

企业要发展，就要想办法凝聚人心。而凝聚人心最好的办法，就是通过感情投资赢得员工的心，使员工产生自己人的意识。可以说，感情就是向心力，就是生产力，企业上下有了感情互动，企业发展才有希望。

055. 只需下达目标，不必布置细节

有这样一种管理者：每次分派工作、下达目标时，都会事无巨细地布置。比如，让员工布置会议室时，他们会告诉员工放多少把椅子，买多少茶叶、水果，会议室里的会标写多大的字体、找谁写、用什么纸张等等都要一一安排。也许一开始下属尚能接受，但是时间一长，大家就会产生反感，感觉领导管得太细太严了，自己一点自由发挥的余地都没有，这样他们的积极性就会受到打击。

事实上，有很多事情，管理者只要向下属下达目标就可以了，不必去布置过多的细节。举个例子，管理者让员工去推销一批商品，只需要告诉员工销售的价格就行了，而没必要告诉员工去哪里推销、用什么办法推销、怎么进门、怎么介绍产品、怎么道别等等。再比如，管理者让下属购买一些办公用品，只需告诉下属买什么、什么时候买，而不需要告诉下属去哪里买、怎么砍价。

管理要讲究适可而止，因为过度的管理反而会弄巧成拙。比如，会妨碍员工积极性、聪明才智的发挥。原本解决问题的办法有 5 种，你交代给下属一种办法，但这种办法不一定是最好的，也许员工有更好的办法，但是由于你交代了这种办法，员工很可能就不敢用自己的办法，害怕万一用自己的办法办砸

了，于是只好按照你交代的办。这样就会使员工失去发挥潜能的机会，久而久之，员工的积极性就会受挫，还会变得不爱动脑筋思考，习惯于依赖领导的安排。

布置细节太多对培养员工的实际工作能力也不利，这一点很好理解。因为员工按照领导的交代去办，执行过程变得轻车熟路。在这个过程中，员工不用担心会出现意外，因为即使出现了意外，领导者也为他布置好了应付的对策。因此，员工的实际能力就得不到锻炼。所以，在下达目标时，不必布置细节。

管理心得

你想让员工充满创造力吗？你想让员工积极主动地去工作吗？那就不要布置太多的细节，你只需把目标告诉他们，让他们根据自己的想法去执行，并告诉他们：如果有问题，你可以随时来问我。

056. 和谐管理绝不是讨好员工

什么叫"和谐管理"？所谓和谐管理，其实是指管理者的和谐心态。当管理者处于紧张的氛围中和不良的环境里时，首先应该学会自我超越，用平常心和愉快的心情去管理企业。和谐管理还指管理者与下属之间的关系保持和谐，即看人、识人、选人、用人、育人、管人、容人、留人等方面，能够做到从容有序，随机应变，得心应手，取得一个又一个的成功。和谐管理更是指管理者对人做到人尽其才，对物做到物尽其用。

在《庄子》中，子舆是一个有很多缺陷的人，他不但驼背，还隆肩，更是脖颈朝天。换做很多人，如果有这样的缺陷，或许会很自卑。但是当朋友问子舆是否讨厌自己的样子时，子舆却回答说："不，我为什么要讨厌自己的样子呢？"

子舆的态度是：如果上天让他的左臂变成一只鸡，他就用它在凌晨来报晓；如果上天让他的右臂变成弹弓，他就用它去打斑鸠烤了吃；如果上天让他的尾椎骨变成车轮，精神变成了马，他便乘着它遨游世界。

子舆说："上天赋予我的一切，都可以充分使用，为什么要讨厌它呢？得，是时机；失，是顺应。安于时机而顺应变化，所以哀怨不会入侵到我心中。"

作为管理者，如果你能让你的下属像子舆一样坦然地接受你的命令，服从你的安排，充满喜悦地去对待工作，让他们顺应客观的条件发挥自己的独特才能，那么下属的劣势也能转化为优势，这就是和谐管理。和谐管理既指人与外界环境的和谐相处，也指上下级之间和谐相处。

某企业的一名员工的父亲遭遇了车祸，重伤住院。他的家庭很贫困，而他刚工作没多久，没有什么储蓄，无法支付几万元的医疗费。就在这名员工犯难时，公司得知这一情况，果断地拿出 5 万元钱借给他，并根据他在工作中的良好表现，特批给他半个月的假。员工十分感动，回家照顾父亲，处理好一切事务后，他立即赶回来上班。他说："公司就像家庭一样温暖，我一定努力学习操作技术，为公司创造更多的价值，这样才对得起'家人'。"

对员工实施亲情化管理，以营造和谐的气氛，并非刻意讨好员工，事实上也是为了企业着想。试想一下，如果员工家里出事了，管理者却不通人情，不准假、不帮忙，员工是不是会觉得寒心呢？就算你把他强留在工作岗位上，他也无法静下心来工作，又怎样为公司创造价值呢？而当企业帮助了员工，赢得了员工的感激，员工再以更高的激情对待工作，回报企业的恩情，这样是不是更好呢？所以说，关心帮助员工，让员工与企业关系更加和谐，这种做法是对企业和员工双方皆为有利的。

管理心得

和谐管理是人性化管理、以人为本的另一种诠释，它包含了浓浓的人情味，这份浓浓的情可以滋润员工的心田，温暖员工的身心，使员工获得爱与力量，从而更加努力地去工作。

057. 领导要为下属的过错承担责任

下属也会犯错，有些错误是不经意间犯下的，而有些错误则是因管理者决策失误导致的。无论何种类型的错误，身为管理者，都有必要站出来为下属的过错承担责任。做一个有担当的管理者，才能得到下属的敬佩，才能赢得下属的信任和追随。

著名管理培训大师余世维曾在多家企业担任领导，他在所任职的每个公司，都深得员工的尊敬和佩服。很多人之所以心甘情愿地跟随他，就是因为他勇于为下属的过错承担责任，而不是把过错归咎于下属，推卸自身的责任。

有一次，公司从中东一家公司进口50辆豪华轿车，并且与对方签署了协议，然后把轿车销往市场。余世维和对方谈妥条件之后，把最后剩余的细节交给下属去办理，临行之前特别交代下属车门插销的生产方法。

等到快要交货的时候，下属慌忙地跑来报告，说大事不好了，原来，他把余世维交代的插销的事情忘了。当时余世维也惊出一身冷汗，因为50辆豪华轿车少了插销，怎么卖出去呢？

几秒钟后，余世维镇定下来了，他向董事长汇报了情况，董事长非常气愤，说："是谁犯的错，把他给我找来。"余世维并没有"出卖"下属，而是说："是我的错，我一时疏忽才这样的，我愿意承担全部责任。"然后他在董事长面前立下军令状：如果不能把50辆车卖出去，任凭公司处置。

凭着一股不服输的勇气，余世维挨家挨户推销，最后把这批车全部卖出去了。属下非常感动，除了努力工作，用优异的业绩回报他，他还能做什么呢？

优秀的领导者是不会轻易逃避责任的，他们明白：下属有了过错，就是自己的过错。因为下属之所以犯错，与自己没有尽到责任有关。如果要受处罚，领导者首当其冲，不找借口，不为自己辩解，而是勇敢地承担责任，这样才能让下属放下心中的包袱，减轻心理压力，轻松地面对接下来的工作。

管理心得

下属的错就是领导者的错误，作为领导者，就应该为自己的下属承担责任。敢于负责、敢于担当的领导才是受人敬重的领导，才是优秀的领导。

058. 推功揽过，让你成为下属心中的"守护神"

在管理界，存在着这样一种现象：当大家一起共同完成工作、取得优异成绩的时候，有些管理者总喜欢率先往自己脸上贴金，强调自己所起到的重要作用和付出，生怕下属把功劳抢去了，这种现象叫"抢功"或"揽功"。当大家一起共事，由于管理者指挥不周或下属执行不力出了问题时，有些管理者马上把过错归咎到下属头上，撇开自己应承担的责任，这种行为叫"推责"。

王经理是某地产公司的运营经理，他和下属一起，历经半年时间，完成了一个重要项目。当公司董事长来检查工作时，他夸夸其谈，把功劳全部扣在自己的头上，好像这项工作是他一个人完成的一样。

董事长大喜，当即表扬他，许诺给他种种奖励。但是下属们却不高兴了，他们对经理自私的行为非常愤怒，从此与他离心离德，不管运营经理做什么，他们都不愿意配合他。还有人暗中给上级写检举信，揭发他工作中所犯的错误……

其实，把集体的功劳往自己身上揽、把集体的错误往下属身上推，是两种极其愚蠢的行为。这样做只会让下属们觉得你太自私，然后对你敬而远之。即使你在工作中真的发挥了关键性的作用，付出了很多，也无须自我标榜，因为是你的功劳，下属自然会让给你。即使你指挥没有失误，完全是下属执行不力导致出了问题，你也无须推责。相反，你应该主动站出来，帮下属扛起应负的责任。你越是低调推功、高调揽过，你越能赢得下属的敬重。

《菜根谭》中说："当与人同过，不当与人同功，同功则相忌；可与人共患难，不可与人共安乐，安乐则相仇。"意思就是，做人应该有和别人一同承担过失的勇气，而不应该有和别人共同分享功劳的念头。这句话告诉我们，做人要有胸怀，而不要自私、计较，对管理者而言，非常有警示作用。要知道，世界上大凡卓越的管理者，都懂得与别人分享美名、分享功劳，在他们还没成功的时候，懂得与别人分享利益。当他们成功之后，又懂得推功揽过，把功劳给大家，失误自己来承担。只有这样，才能赢得下属的信任和敬仰，才能让追随者心里踏实，只有这样才能凝聚人心，走向成功。

管理心得

推功，把功劳归结为下属的努力，是对下属的极大肯定和赞美；揽过，主动站出来承担错误，是对下属的一种庇护和尊重。学会推功揽过，是管理者赢得下属之心的重要手段。

059. 懂得为下属着想，让你赢得下属的尊重

经常听到管理者抱怨下属不服从管理，没有领会自己的意图，没有把事情顺利办好。还有一些管理者抱怨下属目中无人，对他们不尊重……为什么下属会这样呢？作为管理者，是否反省过自己，是不是自己的管理方式不好？是不是自己阐述意图时没有讲明白？是不是自己平时对下属缺少尊重，没有为下属着想呢？如果管理者懂得换位思考，设身处地为下属着想，即想下属所想，那么，就容易搞清楚这其中的原因，也更容易赢得下属的尊重了。

松下幸之助讲到为员工着想这个话题时，曾说过这样一段话：假如你和课长一起加班到深夜，虽然你年轻力壮不觉得累，但年长的课长却会感到疲惫。这时你是否会说上一句"课长，我帮您揉揉肩吧"？当然，你的课长很少会说："好，你给我揉揉肩吧！"但是他内心会很高兴，课长可能会说："真不好意思，这么晚了还把你留在这儿加班，今晚原本有约

会吧?"松下幸之助说,这种心灵的交流是开展工作、取得成功的动力。

从松下幸之助的这段话中,我们可以深刻地体会到:作为管理者,在与下属交往的过程中,更应该主动地换位思考,为下属着想。假如你和下属加班到深夜,你主动问候下属:"累了吧,我这儿有咖啡,给你泡一杯怎么样?"同样的,下属一般不会说:"好的,你给我泡一杯。"但是他内心会对你充满感激,觉得你重视他。这样一来,加班造成的疲惫感,可能一下子烟消云散了。

如果你经常设身处地为下属着想,对下属表现出关心,那么自然而然,下属也会更加敬重你,更加服从你。这种关心能够帮助你在管理中取得更大的成功,也能帮助企业实现更好的发展。

管理心得

懂得为下属着想,才能感动下属,才能激励下属,才能让下属对你充满尊重和敬意,从而促使下属更加积极地对待工作。

060. 切忌带着怒气批评员工

作为管理者,当你发现员工"屡教不改"时,你会不会感到窝火呢?当下属的表现远远没有达到你的期望时,你会不会莫名生气呢？这时你会带着怒气批评员工吗？一些脾气不好的管理者往往会这么做，他们甚至当众大发雷霆，痛斥员工一顿，以为这样可以促使员工纠正错误，但结果往往适得其反。因为人都有自尊心，当员工的自尊心受到伤害时，他们往往会表现出逆反情绪，会产生消极、沮丧等不利于工作的坏情绪。

魏先生是一家建筑公司的总经理，他经常去工地上转悠，以了解工程进度、督促员工注意安全问题。平时他是一个相当和气的人，指出员工错误时往往能语气平和。但是有一次，魏先生在家里和妻子发生了争吵，带着一肚子的怒气来到工地。当他看到两名员工没有戴安全帽时，顿时怒气冲冲地批评道："怎么不戴安全帽？跟你们说过多少次了？怎么这么固执呢？"员工表面上接受了他的批评，但肚子里对他满是怨恨。当时很多员工在现场，大家目睹了这一场景，气氛特别尴尬。

愤怒中的管理者在批评员工时，往往用过激的言语，不留情面地指责员工，例如说："你彻底错了，当初如果你听我的话……"这种不给员工留台阶的批评方式，往往会激起员工毫不留情地还击，员工会忍不住愤怒，当场和管理者叫板、对峙起来，这不但会影响管理者的威信和形象，也让管理者陷入难堪境地。

北京某管理技术有限公司的总经理杨先生曾经说过："不管是对下属也好，还是对其他人也罢，批评或者斥责表明这时他已经被负面的情绪所控制。在这个时候所说出来的话，通常不会对事情的发展有促进作用，只会起到破坏作用。因此，作为管理者首要的是体察自己的情绪。"因此，管理者千万不要带着怒气批评员工。

管理心得

批评对任何一个人来说，都是一件不愉快的事情。如果管理者没来由地带着怒气批评员工，更会让人感到尴尬，感到受伤害。管理者如果只顾宣泄内心的怒气，而不顾场合地批评员工，置员工的感受于不顾，只会激起员工心中的愤怒和不满。这样一来，管理者的批评是毫无作用的。

061. 批评时要力争做到心平气和

在公司中，员工可能会遭到老板或上司的猛烈批评，例如："你怎么办事的！不会看清楚了再拿来？""你到底长脑子了吗？""跟你说了多少遍，怎么还不知道？""再干不好就给我滚蛋！"……

大部分管理者认为，员工犯了错误，领导者当然会生气，批评员工是天经地义、无可辩驳的。因此，在员工犯错之后，上司带着情绪批评员工，我们将此理解为一种自然的反应，因为老板或上司的职位赋予了批评员工的权力。

但是有调查表明，在企业管理界，源于管理者的批评是员工产生挫折感的主要或直接原因。美国钢铁大王卡耐基属下的职业经理人施考伯曾说过一句名言："世界上极易扼杀一个人雄心的就是他上司的批评。"要想避免扼杀员工的雄心，管理者在批评员工之前应该先管理好自己的情绪，努力做到心平气和地批评员工。

有专家总结过，情商高的管理者在批评员工时，有四个共同的特点。第一个特点是就事论事，当员工表现不佳时，他们往往先把事实讲清楚，比如："今天上班，你为什么迟到了半个小时呢？"而不是说："你到底在搞什么？怎么上班迟到了？"因为这样的批评不是就事论事，容易让员工误以为管理者讨厌自己，会给员工带去消极的影响和打击。

第二个特点是，明确地告诉员工自己的感受，他们会明确地对员工说："这件事你没有办好，我觉得很失望。"

第三个特点是给员工一个明确的目标，希望员工努力达到。当员工上班迟到了，他们会说："我希望你以后可以准时上班。"而不是说："以后不准再迟到了。"

第四个特点是，动之以情地说服员工做事，比如，他们会说："我希望你以后准时上班，这样我们相处得会更融洽，对公司管理也有好处。"或者诱之以利地说："我希望你以后准时上班，这样你才有全职奖金。"

如果你能做到上面四点，那么你在批评员工时，就容易做到心平气和了，这样所取得的效果往往会更好，员工也会更加敬重你。

管理心得

　　威而不怒、心平气和地批评，所产生的效果其实远胜于愤怒地斥责下属，因为温和地批评体现了对下属的尊重，容易促使下属自我反省，而愤怒地斥责只会激发下属的自我保护心理、逆反心理。因此，管理者在批评下属时要力争做到心平气和。

062. 批评时要顾及下属情感

　　在企业管理中，批评下属是管理者难以避免的事情。虽说批评对下属来说是不好的事情，也是管理者不愿意去做的事情，但是必要的时候，批评还是必需的。身为管理者，你唯一能做的就是在批评时顾及下属的感受，不要忽视对下属的尊重。这样你的批评才容易被下属接受。

　　每个人都有自尊心，即使犯了错的下属也是如此。管理者在批评时，一定要顾及下属的情感，切不可随意撒气、责备和辱骂下属。下面几点可以帮助管理者在批评下属时做到心平气和。

　　（1）控制情绪，禁用伤害性的言语

　　对于管理者来说，在批评时控制自己的情绪是非常重要的。为此，管理者在批评下属之前，一定要保持情绪稳定，客观地看待下属的错误。管理者要明确一点，批评下属是为了帮下属改正错误，而不是为了惩罚下属或伤害下属，这样才不会只图一时痛快而大发雷霆。在批评时，要斟酌言语，切不可用伤害性、侮辱性的言语。

（2）不要随处传扬对下属的批评

批评下属最好一对一进行，并且批评完之后，事情就到此为止，管理者绝不应该四处宣扬对下属的批评。如果管理者把对下属的批评宣扬出去，搞得众人皆知，只会增加被批评的下属的思想压力和反感情绪。这不是明智的做法。

（3）批评之后要给予帮助

批评不是目的，而是解决问题的手段。在批评下属之后，管理者应该对下属的工作进行行之有效的指导，让下属有所收获。这样有助于下属消除猜忌心理，达到批评的目的。

管理心得

批评是对事不对人的，决不能把批评演化为人身攻击和人格侮辱，否则，只会给下属带来痛苦，使其产生积怨，甚至从此自暴自弃，破罐子破摔。因此，管理者在批评下属时，一定要以尊重下属为前提。

063. 批评之后别忘奉上一束鲜花

在管理学上，有一个常用的管理人才的手段，叫"胡萝卜加大棒"。这种手段比喻运用奖励和惩罚两种手段以促使人们按自己的要求去行事。如果说鲜花是胡萝卜，那么批评就是大棒。管理者在批评下属之后，为了安抚下属失落的心情，可以奉上一束鲜花，让下属获得安慰，明白领导是关心他的。这样一来，批评的消极作用就容易被淡化，激励作用就会得到更大程度的彰显。

日本索尼公司创始人盛田昭夫就非常擅长运用这一招。

一次，索尼的一家分公司销售到东南亚的产品质量不合格，总部收到了很多来自东南亚的投诉。经调查，发现这种产品的包装有问题，但产品内在质量并没有问题，于是公司立即更换了产品包装，把问题解决了。

可是盛田昭夫不想就此罢休，他把这家分公司的经理邀请到总部参加董事会，要求他在会上对这一错误做陈述报告。当他做完陈述后，盛田昭夫严厉地批评了他，并要求全公司以此为戒。该经理在索尼公司工作了几十年，在众人面前被如此严厉地批评，还是头一次，在尴尬之余，他忍不住失声痛哭。

会后，该经理迈着沉重的步子走出了会议室，考虑是否该提前退休了。这时盛田昭夫的秘书走过来，邀请他一块儿去喝酒，但他根本没有心思喝酒。在秘书的强拉硬扯下，两人走进了酒吧。

那位经理说："我是被总公司抛弃的人，你怎么还请我喝酒？"

秘书说："董事长虽然批评了你，但并没有忘记你为公司所做的贡献，今天的事情也是出于无奈。会后，他知道你为此事很伤心，特意叮嘱我来请你喝酒。"在喝酒的时候，秘书说了一些安慰的话，缓和了该经理的情绪。喝完酒后，秘书陪经理回到家。

刚进家门，该经理的妻子就迎上来对他说："老公，你们总公司对你真重视！"

经理听了觉得很奇怪，难道妻子是讽刺自己吗？这时，妻子拿来一束鲜花和一封卡片，卡片上写着："今天是你和妻子结婚 20 周年的纪念日，祝福你们。"该经理恍然大悟。原来，索尼总部对每位员工的生日、结婚纪念日都有记录。每当这样的日子，公司都会给员工准备礼品或鲜花。只不过，今天的鲜花有些特别，那是盛田昭夫特意订购的，并附上了亲手写的卡片，以勉励该经理继续为公司效力。

盛田昭夫果真是一位擅长批评下属的专家。为了总公司的利益，他没有宽待犯错误的下属，但考虑到下属是老员工，在生产经营上是一把好手，又在批评后奉上鲜花，以安抚他的失落心情，免得他被批评彻底打垮了。盛田昭夫使用的这种方式，在索尼被人称之为"鲜花疗法"。

管理心得

批评之后，别忘了奉上一束鲜花，以勉励员工。这种做法非常符合人性的特点，因为人在被批评之后，心情往往会沮丧，以为领导不再看重自己了，以为公司否定了自己的能力。这个时候他们最需要安慰和鼓励，而奉上鲜花就是最佳的鼓励方式之一。

064. 批评下属不能"秋后算账"

有些管理者在批评下属时，有一个非常不好的习惯：当下属做了什么错事时，他们总是默默地看着，等到下属类似的错误犯了多次时，他们才把下属叫到跟前，严厉地批评道："你怎么这样不注意，总是犯这样的错误怎么行呢？我记得半个月前，你就犯了一次，三天前你又犯了一次，今天你还犯……"

这种批评方式叫"秋后算账"，它是一种积累式的批评方式，会让下属很难以接受，因为下属会条件反射式地想："原来领导早就看出我犯错了，他不告诉我，不批评我，完全是在暗地里记小账，在暗中看我笑话。"一旦下属这么想，那么管理者在下属的心目中就失去了美好的形象，下属就会感到消沉。

有一位总经理谈到了自己过去的"教训"："以前我在某单位任职时，碰到过一个顽固不化的下属，一开始我只是委婉地提醒，但是他好像没有意识到我在提醒他，终于有一天，我忍不住了，一股脑儿地把他之前因顽固所犯的错全部发泄出来，劈头盖脸地骂他一顿，没想到，他当即和我翻脸，说我为什么不早说，现在才说，问我是什么意思，我当即无言以对……后来我想，为什么下属犯错之后，我不批评，而要积累到一起呢？从那以后，我改变了这种秋后算账的批评方式。"

"秋后算账"式的批评是不受下属欢迎的，因为管理者在运用这种批评方式时，无法避免纠缠于过去的老账。既然过去的已经过去了，管理者为什么还要拿出来说呢？这显然会让下属感觉受到了不尊重。因此，作为一个领导者，要批评就要及时批评，切不可秋后算账。

管理心得

批评要注意时效性，该批评的时候就要批评，而不要在该批评的时候不批评，在不该批评的时候，或在本想适当批评的时候，却小题大做，把下属过去犯的错一股脑儿地抖出来。这一点，管理者一定要牢记于心。

065. 法不责众，不批评多数人

有个成语叫"法不责众"，字面意思是指当某项行为具有一定的群体性或普遍性时，即使该行为含有某种不合法或不合

理因素，法律对其也难以惩戒。"法不责众"是一个制定法律的原则，制定法律的根本目的是为了让人们不去违法，而不是等有人违法后，再去惩罚。因此，如果某项法令大多数人做不到，说明这项法令本身有问题，需要修改。要知道，惩罚只是针对少数人的，而不是针对大多数人。

同样的道理，在管理中，当大多数人都犯错时，管理者也有必要遵循"法不责众"的批评或惩罚原则。因为如果你批评大多数人，大家会觉得无所谓，他们会想：反正领导批评的不是我一个人，因此他们会表现得不屑一顾。这时如果你多说几句，他们会觉得你唠叨，吹毛求疵，十分讨厌，说不定还可能引发众怒。面对这种情况时，你该怎么办呢？

一家公司的总经理召开工作会议，当他来到会议室时，发现只有人力资源部主任准时到达会场，而其他人全部迟到，迟到时间从 15 分钟到 50 分钟不等。总经理大为恼火，但没有批评大多数的迟到者，而是当场表扬了人力资源部的主任，赞扬他态度积极，守时守信，结果，其他人都面带愧色，感觉开会迟到了不应该。

这位总经理的做法是十分高明的，因为如果他批评那些迟到者，肯定有人会找理由，也许他们中的某些人有正当理由。因此，不分青红皂白地全部批评，会引起有正当理由者的公然申辩。而一旦有人申辩，其他人没有理由，也会找理由争辩。这样一来，把大多数人都得罪了。所以，不去批评大多数，而是选择赞扬少数人，才是最佳的选择。因为表扬好的行为，也意味着暗示不好的行为，这样既不得罪大多数人，但又打痛了他们的脸，让他们有口难辩，只能暗自惭愧。

管理心得

身为管理者，永远不要与多数人为敌，因为赢得民心是管理企业的首要条件。但不与多数人为敌，不意味着放纵多数人的不当行为，你完全可以像那位总经理一样，通过赞扬好的行为来阻止不好的行为，使大家的自觉意识苏醒过来，从而自发地向好的方向转变。

066. 会议上，不要轻易批评他人的意见

在会议上探讨问题时，管理者经常会鼓励下属们发表意见，这是一个很好的习惯。但是，有些管理者听完下属的意见后觉得不满意或不认同，就会忍不住批评下属的意见，甚至无意中流露出鄙夷的眼神和讽刺的口气。他们没有意识到，自己不经意间的一个神情、无意间的一句批评，会极大地刺伤下属的自尊心，打消下属发表意见的积极性，还会引起下属的不满，使下属对他们产生不好的印象。

某公司的老板喜欢和下属一起探讨问题，但是下属却不愿意发表意见。为什么呢？因为大家发现，一旦说出的意见不符

合老板的要求，老板就会马上否定道："不行不行，你这种方法肯定行不通。""什么馊主意啊？亏你想得出来。"每当这时，下属都会显得特别难堪，因此，后来大家要么顺着他的意思发表意见，恭维他的意见，要么干脆说"不知道"。这位老板非常郁闷，他本想找下属商量对策，但是会议结束之后，没有获得任何帮助。

在会议上随便批评、否认下属的意见是不明智的，因为：首先，你的想法不一定比下属的想法更高明，也许下属的意见更符合实际，更加有效；其次，既然你鼓励下属发表意见，那就应该多赏识他们，保护他们发表意见的积极性，而你批评、否定他们，是在打击他们的积极性；再者，即使下属的意见纯属无稽之谈，你也可以假装认真听取，因为接受下属意见的权力在你手中，你可以说："你的意见比较独特，让我思考一下。"这样也未尝不可。

有一位非常能干的 CEO 曾经谈到如何对待下属的意见时，说了这样一段话：每当我想否定下属的想法时，都会做一个深呼吸，然后问自己："我否定他对我有好处吗？对下属有帮助吗？"最终，他发现否定下属的意见是没有好处的。于是，他转而用欣赏的口吻评价下属的意见："你的见解独到。""你的思路新奇。""好的，这个想法好像不错，我想一想。"最后，下属们发表意见的积极性得到了保护和激发，大家有想法时都愿意和他交流。

管理心得

在会议上批评或否定下属的意见，会让下属感到没面子，会打击下属的积极性，到了下次开会时，你把刀架在他的脖子上，恐怕他都不会开口了。因此，千万不要轻易批评或否定下属的意见。

067. 对下属的表扬和批评应有度

表扬和批评是激励人心最常用的两种方法，也是管理者必须掌握的最基本的领导艺术。当下属有了成绩时，管理者应该及时加以肯定和赞扬，促使其再接再厉，不断进步；当下属有了错误和不足时，管理者应该及时加以提醒和批评，促使其醒悟，以便及时纠正错误，减少损失，避免影响全局的工作。

表扬是一种积极的鼓励，具有很好的激励作用。一个善用表扬的管理者，往往不会满足于对员工优点、长处和成绩的简单肯定与赞扬，而是善于挖掘员工不断表现出来的"闪光点"，及时给予关注和表扬，使员工获得激励。不过，表扬虽好，但要注意把握度，过度的、夸张的表扬往往适得其反，只有恰到好处的表扬，才能真正激励人心。

詹姆斯是一家超市的总经理，分管多家分店。一年夏天，由于市场疲软，詹姆斯的几家超市业绩持续走低。在一次会议上，他看到最近一期的业绩报告，虽然业绩改善不大，但是相比之前的业绩又有所进步。于是，他表扬了业绩有进步的超市管理者。这句不经意的表扬，立即激活了大家的自信，被表扬的管理者显得神采奕奕，充满奋斗的激情。后来，大家在会议上积极发言，主动提出超市经营的建议。詹姆斯听取了一些有益的建议，并在实践中采用，果然取得了不错的经营效果。

在表扬下属时，不要泛泛而谈，而要具体、有所指，表扬用词不要太过夸张，例如，"你真了不起""你太聪明了"，这样的表扬显得过于俗套。与之不同，如果表扬员工道："你这个月的业绩比上个月提高了10％，有如此大的提升，真的非常不错，继续努力吧！"这样的表扬能取得更好的激励效果。

同样，批评也是一种激励策略，尽管没有人喜欢被人批评，但实际上，批评往往能给人引导，给人警醒，使人进步。因此，管理者在运用批评时，一定要讲究方式方法，讲究适可而止，避免批评引起下属不快。为此，需要注意几点：

一是批评要对症下药。批评什么，一定要说明，不要让人一头雾水；二是要把握火候，因为人都是有自尊的，即使员工犯错了，管理者也要保护他的自尊心。如果几句话能解决问题，就不要多说；如果一次批评就能奏效，千万不要再次提起；如果可以私下批评，最好不要当众批评。这样顾及了被批评者的脸面，可以给下属一种亲近感、爱护感，从而使下属心平气和地接受批评。

管理心得

无论是表扬下属还是批评下属，都应讲究适度原则。过多的表扬、过于夸张的表扬，显得廉价不真诚，时间久了，员工会不以为然；过多过度的批评，会让员工颜面扫地，自尊心受伤害。

068. "笼络"下属的技巧

领导者要善于笼络下属。通俗地讲，就是俘获下属的心，让下属对你死心塌地，接受你的命令，听从你的安排，为你效力。怎样笼络下属的心呢？

（1）多倾听下属的意见

多倾听下属的意见，可以让下属看到你对他们的重视，有利于激发他们的积极性和主动性。

（2）记住每个下属的名字、生日

对小公司老板而言，记住每一个下属的名字不是什么难事，但如果公司员工多，记住每个下属的名字就不简单了，而要记住每个下属的生日就更难了。这要求领导者要做有心人，准备一个专门的本子做记录，当下属生日到来时，给他们献上一声真诚的祝福、一张生日卡片，或送一个让他意外的礼物，这都是笼络下属的好办法。

（3）适当暴露自己的一些弱点

也许每个领导者都希望给下属树立一个完美的形象，为此，他们会刻意隐藏自己的缺点。但事实上，每个人都有缺点，隐藏反而显得不真实。相反，如果领导者适当地暴露自己的一些弱点，反倒能显示出领导者的亲和力、亲切感，使下属觉得领导真实、可爱，下属更愿意与领导者接近。

（4）通过很小的细节来笼络下属

当你邀请下属吃饭时，不妨给他挪开椅子，这会让你显得很绅士，也显示出你很器重他；当你请下属到办公室谈论工作时，不妨主动给他倒一杯茶，这会让你显得很礼貌，很有修养；当你送下属出差时，不妨送他上车，直到他消失在视线中。通过这些小细节，能很好地笼络下属。

管理心得

要想笼络人心，就要让下属看到你有一颗赤诚之心。这颗心应该包含尊重、重视、信任、关怀，并通过具体的事情表达出来，哪怕是很小的事情，甚至只是一句赞美、一个肯定的眼神，都能起到很好的笼络人心的效果。

069. 用情感安抚下属"骚动的心"

每当传统佳节临近时，员工的心就开始骚动，尤其是一些不按国家政策规定放假的公司的员工，更是会猜测公司会放几天假，还会猜想过节公司会发什么礼品、年底的年终奖能否兑现。员工的心一旦骚动了，必然影响工作士气，影响工作效率。因此，管理者要想办法安抚下属骚动的心。

一天，一位员工接到母亲的来电，在电话中，母亲激动地说："儿子啊，一定要好好工作呀，不要辜负老板的一份好意。"这位员工听了感到莫名其妙，不知道母亲在说什么，为什么扯上自己的老板？接着，母亲说："今天是中秋节，家里收到了你们公司寄来的月饼，还有你们老板亲自写的贺卡，说你在公司表现很好，让我们放心，你今后一定要努力啊……"那位员工听到母亲的话惊呆了，因为刚才他还在和同事抱怨公司不发月饼呢。顿时，他感受到了老板的重视和信任，以后没有理由不认真工作。

别看这小小的月饼，也事关员工的情绪。年年都发吧，员工嫌公司没新意；如果不发，员工又会抱怨公司太小气。英明的领导选择既要发，又要发出新意，对员工产生激励性。因为他们知道，传统佳节员工最渴盼得到公司的关怀，小小的月饼若能发出新意，让员工看到公司的重视，就能深得人心。

事实证明，员工的内心骚动时，公司并不需要花多么庞大的费用去安抚，关键在于付出感情，比如，对员工嘘寒问暖，一样能让员工感到贴心。

管理心得

人心骚动时，整个企业都是浮躁的。只有动用真感情，才能安抚下属骚动的心。如何动真感情呢？主要表现为对下属关心、关爱，像对家人一样对待下属。

070. 容才留才，防止"跳槽"

你想留住人才吗？那就学会包容他们。既要容人之才，不因他们的能力强于你自己而嫉贤妒能；又要容人之短，不因他们有缺点与不足而苛责；还要容人之过，不因他们犯了错或任务失败而抱怨、指责他们。

某公司的董事长鼓励员工积极创新，还针对创新制定了一系列的奖励措施。在奖励措施中，有这样一条：即使创新失败，但依然值得肯定，依然会得到公司的奖励。这位充满"探险家"精神的董事长认为，再优秀的人才也会犯错，如果一个人从来没有犯错，那多半是因为他毫无建树。在管理中，他经常鼓励员工别怕犯错误，不要畏惧失败。正因为他对人才有这般容忍的态度，才使公司持续发展，长盛不衰。

工作并不总是顺利的，失败也很正常，可怕的是员工失败后，管理者就不再信任他，不再重用他，这样员工将会非常失落，对管理者也会非常失望。如果一个管理者做不到"容才"，不容忍员工因为创新引起的失败，无异于在给员工的思想上枷锁，束缚员工的手脚。在这种情况下，员工的价值是难以得到发挥的。

真正聪明的老板，懂得对员工大度、包容、忍让，他们不会因为员工的缺点，不会因为员工在创新路上的失败而对员工心存不满，相反，他们还会真心地安慰员工，鼓励他们："我相信你，下次再努力，一定能行的。"这样能让员工获得向上的源泉。

另外，优秀的员工往往个性突出，有些自大，可能在无意间冒犯了管理者，对此，管理者也应该多多包容。有些管理者有一种"老虎的屁股摸不得"或"太岁头上的土不能动"的心态，一旦被冒犯，就会动怒，甚至伺机报复。

真正有远见、有度量的管理者，是不会轻易给冒犯者"穿小鞋"的，他们懂得以企业为重，从大局出发，毫不介意。因为他们知道，这些"胆大包天"的冒犯者大都是性格耿直、行事光明的人，这正是难得的人才，是企业发展的希望所在。

管理心得

老板的心胸有多大，企业就能走多远。因为有了胸怀，才能容下人才，才能留住人才，才能把企业做大做强。

071. 常对下属说"你的工作很重要"

人类本性是期望被人夸奖和肯定。如果你想让下属感到自己很重要，不妨常对下属说："你的工作很重要。"因为把一份重要的工作赋予下属，意味着肯定下属。因此，要满足下属渴望被肯定、被欣赏的心理。

某宾馆有一位前台小姐，工作勤勤恳恳，认真负责，深受顾客的好评。但是有一天，她却突然递交了辞职报告。这让宾馆的老板十分不解。因为这家宾馆的工资待遇在当地算是比较高的，而且她工作一直很努力，为什么突然不想干了呢？

老板找到那位前台员工，问她为什么要辞职，她说："太没有意思了，我感觉干得好干得坏是一个样。虽然工资待遇不错，但是我总觉得这份工作有些卑微，我希望做更重要的工作，以体现我的价值。"

也许，很多企业留不住员工，就是因为员工觉得工作卑微。在社会的大舞台上，每个人都希望自己充当重要的角色，作为管理者，一定要认识到员工渴望获得重视的心理。怎样才能让员工感到自己重要呢？最简单的一个办法就是向员工阐述其工作的重要性。

管理者既可以告诉员工："你的工作是公司运行的重要一环，缺少了这一环，公司就会瘫痪。"也可以告诉员工："你的工作是为社会服务的，公司生产的产品被顾客购买到家里，发挥着重要的作用，这就是你的价值所在。"

曾有人问一位微软员工："你为什么留在微软？"得到的回答是："因为在微软工作我收获了成就感，我觉得自己的价值得到了体现，我有这样的工作很满足。"微软的员工之所以感到有价值，是因为他们的管理者通过各种手段，使员工有机会在每一个重要的岗位上发挥聪明才智。

管理心得

经常对下属说"你的工作很重要"可以促使他们明白自己的价值所在，也可以提醒他们做好本职工作。这样，无论员工从事多单纯或琐碎的工作，他们都会认识到工作的重要性，并且衷心致力于这样的工作岗位。

072. 与员工分享胜利果实

在工作中，当某个项目取得成功时，获得最大褒奖的往往都是管理者。尽管我们建议管理者要推功揽过，但属于管理者的头功是跑不掉的。那么，当管理者获得荣誉和奖励之后，该怎样对待这个胜利果实呢？是一人独享，还是和下属们一同分享？

陈先生是某公司的总经理，由于近日在与德国商人的谈判中大杀对方的威风，压低了对方所要的价格，为公司节省了几十万元，也让公司扬眉吐气，士气大涨。获得生意上的胜利之后，陈先生没有忘记和自己一起奋战多个昼夜、共同商讨谈判方案的员工们，他慷慨解囊，请诸员工周末随他一起去狂欢。他请大家吃了一顿饭，还和大家去 KTV，大家玩得都非常尽兴。虽然花了几千元，但他却得到了员工的爱戴，赢得了员工的一片忠心，今后大家跟着他干活格外卖力。

陈先生的案例告诉我们，与员工分享胜利果实，对员工是一种很好的激励。身为管理者，无论是公司盈利了，还是管理者个人晋级加薪了，都是一件可喜的事情，这个时候千万别忘了那些为你"打江山"的员工们，要设法让他们也有所收获，这才是对员工最大的关心和激励。当你获得胜利果实之后，高兴地和大家一起分享喜悦，必然会使他们与你齐心合力，动力十足。

管理心得

当你获得公司的嘉奖时，当公司获得巨大赢利时，当一项任务圆满完成时，不要忘记那些和你一同奋战的下属，他们也是有功之臣，他们不应该被忽视、被遗忘。明智的做法是和他们一起分享胜利果实，以激励他们，让他们与你一同继续创造更好的业绩。

073. 公开、透明，才能被认同

企业管理，讲究公开、透明，使大家做到充分沟通理解，满足大家的知情权、对公平的追求，从而保证工作有序开展。有些管理者不重视公开、透明，什么事情都单独和一两个员工谈，这样就容易引起其他员工的猜想：领导有什么事情不好跟我们说？为什么要跟他们说？一旦员工有了这些猜想，他们就可能心神不宁，工作时难以集中精力。

万经理特别喜欢和员工商量问题，按理说这是一个很好的习惯。因为它可以让员工参与到决策中来，使员工获得被重视的感觉。但是，员工们却非常讨厌和万经理商量问题，因为同一件事情，原本可以放到台面上让大家一起讨论，但万经理却轮流把员工叫到办公室去商量，这不仅耽误了大家的时间，还会导致员工之间无法实现互动，引起不必要的猜忌。结果，万经理制定的决策，往往得不到大家的认同，有时候还会引起员工的强烈不满。

管理者最大的忌讳是"暗箱操作"，这不仅会造成不必要的猜疑，还会恶化工作环境，使组织目标难以实现。因此，在管理过程中，管理者应该公开、透明地处理事务，使员工都能明白管理者的意图和想法，以便管理者的决策得到大家的认同，从而促使执行得以顺利地开展。

管理心得

有个成语叫"开诚布公"，每个管理者都应该做到这点，坦率地把问题提出来，公开地和大家探讨，这样不仅可以使大家共同参与进来，营造良好的组织沟通氛围，更重要的是，可以制定出大家认同的决策。

074. 要勇于向下属说"对不起"

在企业中，有这样一种怪现象：一个人所处的位置越高，"对不起"三个字越难说出口。普通员工不小心犯了错，被领导批评几句之后，马上道歉甚至写检讨，这不是什么稀奇事。然而，如果管理者犯错了，事情就没有那么简单了。面对下属，作为上司的你，会勇敢地道歉吗？

某求职网站曾经做过一份调查：在被调查的 2031 位白领中，60.3% 的被调查者表示自己的上司从来没有向自己道过歉，只有 39.7% 的被调查者表示上司给自己道过歉。这份调查充分说明，位高权重的管理者不善于道歉。

年底公司很忙，老板找到小王，交给他一份总结材料，让她把材料打印出来，因为第二天的会议上要用到这份材料。那天晚上，小王加班到凌晨一点多，把材料打印好，放在老板的办公桌上。第二天，老板来到办公室没有找到小王放在那儿的材料，于是气急败坏地骂了她一顿，而且连一点解释的机会都没有给她。

等老板骂完，小王在身旁的垃圾桶里发现了自己交上去的材料。原来，老板早上到办公室时，把那份材料夹在废旧杂志里扔掉了。当小王从垃圾篓里捡起那份材料交到老板手里时，老板的脸上有一瞬间的尴尬，他很不自然地笑了笑，但什么也没说。

在一个星期后公司的年底聚餐上，老板端着一杯酒走到小王身边，说是要特意敬她一杯。小王当时有点受宠若惊，但马上就明白了老板是为之前错怪她而表达歉意的。那杯酒，小王也痛快地一饮而尽了。从此，小王心中的芥蒂也一扫而光。

想让老板向你道歉，那不是开玩笑吗？老板能借聚会之机通过敬酒表达歉意，已经非常不错了。但不可否认的是，如果老板懂得开口道歉，对受委屈的员工来说是更好的安慰。毕竟误解、冤枉、错怪带给员工的打击是很大的，如果不及时表达歉意，对员工的工作积极性会受到很大的影响。

道歉不仅是认错，更是一种尊重。尤其是一贯高高在上的管理者，如果在犯错之后及时道歉，真诚地对员工说声"对不起"，可以让员工看到管理者平等待人的处世态度，这样有利于赢得员工的认同和敬重。

管理心得

谁都有犯错的时候，在犯错之后勇于向下属道歉，是管理者需要具备的勇气。道歉要及时，效果才最好。如果有些客观因素导致不适合在当下道歉，那么也不宜将时间拖得过久，否则，道歉也失去了原本的意义。

075. 关心下属的家人

有这样一个故事：

一天，某高级饭店的老板得到一个消息，公司一位年轻的厨师偷偷从厨房拿菜回家。老板非常生气，心想：这个年轻的厨师一直表现不错，没想到人品这么差，真是看走眼了。于是老板给那位厨师降了一级工资，并予以警告处分。

年轻的厨师什么也没说，还是像往常一样勤奋地工作。几天后，请假回家办事的厨师长回来了，听说老板处分了那位年轻厨师，他马上找到老板，说："这位年轻厨师拿菜回家是有原因的，他之前和我打过招呼。他的母亲患癌症多年，现在已到了晚期，家里只有他一个孩子，每天下班他都要去买菜做饭，照顾母亲。可是前一段时间，我回家了，厨师少一个，加之饭店生意好，比较忙，他不得不加班。这样一来，他回家就晚了，没法去买菜了，所以，才从饭店拿菜回去的。"说完，厨师长拿出一张清单，上面清楚地写着哪天拿了多少菜，值多少钱。

老板接过清单，顿时感慨万分，他说："我对员工的了解太少了，这是我的失职啊，走，晚上陪我去看望他的母亲。"

当天晚上，老板在厨师长的陪同下，带着礼品和慰问金去了那位年轻厨师的家里，还当面向那位年轻厨师赔礼道歉，让年轻厨师深受感动。

作为管理者，要尽可能地了解下属，关心下属的家人。当下属发现你把他的家人当成自己的家人来关心时，他也会把你的公司当成自己的公司，认真去工作，用心去经营。其实，赢得人心就这么简单。

管理心得

每个员工身后都有一个家庭，家人在员工心目中的重要性不言而喻，如果管理者能够投员工家人所好，关心他们、帮助他们，那么员工肯定能感受到你的重视，从而轻松赢得员工的信赖和支持。

076. 以身作则，激起下属工作热情

榜样的力量是无穷的。在企业中，管理者是全体员工的最好榜样，如果管理者对待工作能够充满激情，那么对员工能产生很大的感染力，有助于带动员工更好地完成工作，甚至能极大地改变企业的风气，扭转企业发展的颓势和败局。

有家电脑公司经营不善，员工离心离德，工作效率十分低下。后来，公司换来一位新的总经理。当他上任时，很多员工

已经厌倦了自己的工作，不少员工甚至已经写好了辞职报告，只等总经理上任，就提交辞呈。

但是，新总经理的到来改变了这一切。他说，当时的公司就像一潭死水，员工个个没有生机和活力，对工作丝毫没有激情。他就想，一个有朝气、有活力的行业，而且大多数员工是年轻人，为什么会变成这样呢？

在改革公司制度、强调人心激励的同时，新总经理还以身作则，决心用自己的激情感染大家，燃起全体员工心中的热情。每天，他第一个到公司，并微笑着与每一个同事打招呼。在工作中，他始终面带微笑，即便遇到困难，也不烦躁。

在新总经理的影响下，公司的员工也准时上下班，工作逐渐变得有激情。在短短的三个月内，公司的工作氛围发生了很大转变，公司的业务也不断上升，公司的竞争力逐步提升。

俗话说："喊破嗓子，不如干出样子。"作为管理者，当你发现员工的工作激情不够，工作态度不端正时，不妨及时反省一下自己：是否是我的不良工作态度影响了他们？我是否应该以身作则，带给他们正能量呢？如果你能时常这样想，那么你将是企业之福，也是员工之福。

在工作中，当员工发现了乐趣并绽放出自己的热情时，他们就会具有高度的责任感和创造力。同时，由于他们的努力工作，工作也会带给他们足够的成绩和成就感、乐趣。在这种良性循环下，企业会发展得越来越好。因此，管理者要学会以身作则，想办法激起下属的工作热情。

管理心得

热情是可以传递的，来自于管理者身上的热情，可以鼓舞和激励公司的员工，使大家朝着企业目标进发。一个热情的管理者，所到之处，都会散发出活力、激情，还会驱散一切消极的情绪。因此，努力做到以身作则，管理将会变得轻松许多。

077. 善意的"欺骗"可以鼓舞士气

说到"欺骗"二字，相信很多人会为之不齿，认为欺骗是卑鄙的行为。但是在企业管理中，善意的"欺骗"却是一种激励人心、鼓舞士气的重要手段。比如，望梅止渴的故事，就是为人熟知的激励案例。

东汉末年，曹操兴兵讨伐张绣，长途跋涉，非常辛苦。当时正直夏季，太阳非常火辣，士兵们一个个疲惫不堪。由于一路上都是荒山野岭，找不到水源，大家口渴得受不了，很多人嘴唇都干裂了。每走几里路，就有士兵中暑昏倒，就连身体强壮的士兵，也觉得无法坚持下去。

看到这种情景，曹操非常焦急。他策马奔向前方的山冈，极目远眺，想找到水源。可是一眼望去，前方全是干裂的大地。突然，曹操灵机一动，大声喊道："前方有一大片梅林，有好多杨梅，大家再坚持一下，很快就能吃到杨梅解渴了。"

战士们听到杨梅，立马想到酸味，顿时忍不住流口水，很快大家就振奋起来，加快步伐前进。最后，大家终于找到了水源。

高明的管理者懂得随机应变，哪怕说出的是谎言，只要出发点是好的，他们也会积极尝试。就像曹操一样，深谙人的心理，懂得士兵在口渴的状态下对水的渴望，因此，灵机一动，想到了编造"前方有杨梅"的谎言，从而很好缓解了士兵的口渴感，安抚将士们的不良情绪，激发了大家的积极性。

作为员工，即便被管理者的谎言所骗，他们也不会记恨。因为从善意的谎言中，他们能看到管理者的一片真心。因此，管理者不必顾虑太多，不要担心说了善意的谎言而影响自己的形象。所以，当你发现员工对公司的现状心存抱怨，对工资、福利、待遇等不满意时，不妨用善意的谎言来安慰员工、激励员工，安抚员工浮躁的情绪，使之踏实地为企业效力。

管理心得

凡事无绝对，谎言也不一定全是不好的。只要运用得好，善意的谎言也能带来强大的激励效果。不过，在编造谎言激励员工时，管理者要拿捏好具体的事情、说谎的程度，千万不要太过分，否则可能会伤害员工的感情。

078. 在不同情况下用不同的激励方式

激励是领导者必须掌握的一门领导艺术。作为团队的领导者，应该充分运用激励艺术，在不同的情况下给下属不同的激励，最大限度地激发出员工的积极性、主动性和创造性。一般来说，在管理中领导者需要运用以下几种不同的激励方式：

（1）在布置工作时，管理者要运用发问式激励

所谓发问式激励，是指在布置工作之后，要热情地询问员工是否有困难，需要公司提供什么帮助？虽然有时候这种发问可能是多余的，员工并不需要什么帮助，但是这种发问能让员工感受到尊重和关怀。如果管理者只是发号施令，然后一撒了之，那么员工会觉得自己就是一个接受命令、完成任务的"机器"，这样他们就感受不到尊重，潜能就难以得到最大的发挥。

（2）在委派任务时，管理者要运用授权式激励

管理者给员工委派任务后，就意味着员工要承担一定的责任。这个时候，管理者必须授予员工相应的权力，允许他充分地行使权力，并且不会无端地干预。如果管理者不放心员工，不授权给下属，而是对员工做事无巨细的安排，就容易贻误时

机，还会造成下属逆反、消极怠工。这样一来，管理者委派的任务就难以得到落实。

（3）在决策过程中，管理者要运用参与式激励

参与决策、参与管理是员工自我实现的一种需要，也是精神方面一个高层次的需求。管理者在决策中，应该保持民主作风，争取让更多的员工参与进来，发表自己的观点，这是激发员工责任心、荣誉感和合作意识的有效方式。

再者，管理者的个人智慧相对于团队全体而言，总是微乎其微的，只有让大家尽可能参与进来，积极献计献策，才能诱发出更多不同寻常的奇思妙想和有价值的建议，从而使决策更为科学，更符合实际。

（4）在评价功过时，管理者要运用期望式激励

当员工完成任务、取得成绩后，总会期望领导给予恰当的评价和适当的肯定。而一旦员工执行不力，发生过失时，他们最担心的莫过于大家的冷漠和不理睬。所以，管理者要善于运用期望式激励，无论员工是功是过，都应该及时做出评价，或肯定、表扬，或安慰、鼓励，这都会对员工产生相当积极的作用。

（5）在发生矛盾时，管理者要运用宽容式激励

在管理中，领导者与员工发生矛盾实属常见。作为一位领

导者，当与员工发生矛盾时，应该做到宽容大度，不生气、不计较、不报复，主动与员工沟通，并表明自己的出发点：你完全是出于工作考虑，是对事不对人的，绝没有任何私心。在发生矛盾的同时，言辞不要过激，而要公正客观地评价员工，这样才能令下属服气。

管理心得

不同情况下的激励方式所产生的作用是不同的，管理者只有学会恰当地运用不同的激励方式，才能取得最大化的激励效果，使下属获得尊重、信任、肯定和安慰，使下属迸发出激情和斗志，保持积极的工作态度。

079. 在竞争中激发员工活力

在心理学上，有个概念叫"鲶鱼效应"，说的是渔民在出海捕获沙丁鱼之后，为了让沙丁鱼活着回到港口，在鱼槽里放了几条鲶鱼。因为鲶鱼是食肉鱼，放进鱼槽后，它们会四处游动，到处找小鱼吃，这就迫使沙丁鱼四处游动，促使沙丁鱼进行有氧运动，最后它们果真活蹦乱跳地回到了港口。

其实，企业用人也是同样的道理。因为如果一个公司长期人员固定，没有新员工加入，员工之间没有竞争，员工没有压力感，就容易产生惰性。因此，适当引入"鲶鱼"型员工，在公司内部制造一种竞争的气氛，有助于企业员工焕发生机与活力。"鲶鱼"既指有竞争力的员工，也指外部的竞争氛围。

20世纪60年代末，某公司采取多种经营进入了计算机市场，公司研制的键盘式计算机在推出初期，获得了很好的反响，但是好景不长，公司的竞争对手推出的小型计算机质优价廉，迅速占领了市场，使得该公司的产品销路不畅。公司为了应对竞争，仓促研制，产品缺乏合理性，导致公司出现巨额赤字，濒临倒闭。

为了挽救败局，公司董事会决定，把公司面临的竞争压力和危机告诉全体员工，呼唤他们团结起来，背水一战。这一做法使得那些往日高枕无忧的员工紧张起来，他们开始开动脑筋，为公司的发展提供新建议、新方案，工作积极性被充分调动起来，使得该公司在6年之后走出了困境。

来自外部的竞争压力就像一条鲶鱼，可以促使公司内部的"沙丁鱼"产生危机感，使得他们不得不"动起来"，积极为公司的发展出谋划策。竞争压力带给员工的激励作用是显而易见的，能使员工摆脱安逸的心态，认清残酷的现实，从而与企业同舟共济，再续辉煌。

管理心得

孟子曾说："生于忧患，死于安乐。"在如今这个竞争激烈的社会，管理者应该适当向员工传达危机感，让员工感受到竞争的压力，比如，在企业内部实行竞争上岗制，引进实力派员工，让企业内部这潭"死水"荡起涟漪，激起全体员工的斗志和活力。

080. 把对新员工的培训当做一种投资

查看各大招聘网站，你会发现：几乎每一家公司在招聘时都要求应聘者有工作经验，有些公司甚至把工作经验列为首要条件，一律不招收没有经验的应聘者。站在公司的立场，虽然这个要求没有什么不妥，但这样很容易将那些有志于为公司效力的年轻人才拒之门外。

在国外，有些企业为那些主动的年轻人敞开大门，尽管他们没有工作经验，但是他们有学历，具备相当高的素质，极具可塑性。当他们进入公司后，经过公司的培训，很快就能成为公司的骨干。可是，众多企业并未意识到培训员工的重要性，他们渴望的是"招来即用型"的人才。遗憾的是，认为培训新员工会增加企业的成本，而招聘有经验的员工可以节省培训成本，这种目光短浅的做法往往会把优秀的、可培养的年轻人拒之门外。而流动来的"有工作经验"者，往往是从其他企业跳槽而来的，他们或许因不满原单位的薪酬、环境等而跳槽，很容易又产生新的不满匆匆离去。这种"来也匆匆，去也匆匆"的现象，会严重影响企业的人员稳定，对企业会造成间接的损失。所以，管理者不妨改变用人观念，把对新员工的培训当成一种投资。

事实上，对新员工进行培训，有利于他们掌握新知识、新技能，这种与时俱进的知识、理念是企业发展所需要的。尽管企业在培训新员工时，会支出一些费用，但从长远来看，经过培训的新员工会给企业带来巨大的回报。

管理心得

不要以资金不足、人手不够为由，拒绝对新员工进行培训。要知道，对新员工进行培训是一种明智的投资，员工在获得培训、得到重用之后，对企业也会产生一种感激。在这种心理的作用下，他们更容易长久地为企业的发展做贡献。这种忠诚度是"跳槽而来者"所不能比的。

081. 不到万不得已，不要轻易解聘员工

解聘员工是管理者常见的管理活动之一。对于那些不符合公司要求、与公司价值相背离的员工，该解聘就要解聘，因为他们对公司而言，就是毒瘤，是累赘。但管理者要注意的是，千万不要把解聘员工视为表现权威的方式，不要把解聘员工当成儿戏。若非万不得已，不要轻易解聘员工。

1974 年，香港地产建筑业进入了萧条期，大量的建筑工

人失业，建筑师们也无事可做，普遍面临着失业的危险。很多建筑公司纷纷辞退员工，但是香港合和实业有限公司总裁胡应湘却不这么做，他对建筑师们说："当前是行业的困难期，也是我们公司的困难期，请大家原谅我，我不能给你们加薪。如果你们觉得工资待遇低，想离开，我不阻拦；如果你们没有更好的去处，我欢迎你们留下来，大家一起同舟共济，共同渡过难关。"

建筑师们听了这番话，十分受感动，认为胡应湘虽然在工作上严厉，但是关键时刻，不轻易抛弃他们，这是一种善良、富有人情味的表现。从那以后，大家忠心耿耿地跟着胡应湘，成为他事业发展的中坚力量。

胡应湘认为，企业培养一个人才很难，丢掉一个人才非常容易，因此，他坚守让员工为企业终身服务的用人思想，不轻易解聘一个为公司服务多年的员工。当员工在工作中表现不尽如人意时，他会像家长一样严厉地指教他，但不忘表达慈爱之心。当员工提出辞职要求时，他首先会反省自己，诚意挽留。这种做法值得每一位管理者学习。

管理心得

解聘员工是颇为无奈的事情，身为管理者，决不能根据自己的喜好或因员工的一两次错误而解聘员工，而应该坚持以人为本的用人思想，多给员工关心和指导，给员工重视和厚爱，只有这样才能与员工齐心协力，把公司经营好。

STAFF PSYCHOLOGICAL MANAGEMENT
OVER HUMAN
RESOURCE MANAGEMENT

下 篇

三分管人，七分做人

082. 小公司做事，老板要先提高自身修养

美国 IBM 公司的小托马斯·沃森曾经说过："一个伟大的组织能够长久生存下来，最主要的条件并非结构形式或管理技能，而是我们称为信念的那种精神力量，以及这种信念对于组织的全体成员所具有的感召力。"这种信念，与管理者的道德观、自身修养和价值观是密不可分的。

所以，立业先立身，立身先立德。身为管理者，一定要先提高自身修养，因为管理者是公司的灵魂，是创新的主角，要以长远的眼光、坚定的信念、卓越的能力，指挥"千军万马"驰骋于激烈竞争的市场。管理者不仅要以卓越的工作能力影响着企业的发展，更要以高尚的道德观、价值观来左右企业的前途和命运。

俗话说："火车跑得快，全凭车头带。"管理者的道德，对一个组织的重要性不言而喻。国外很多企业越来越注重自身的道德建设，英国《金融时报》股票交易所国际公司的总裁认为，只有当企业的管理者在社会责任方面起表率作用时，公司才会将其纳入自己的合作对象。而公司的道德，首先来自于

管理者的道德修养。

那么，身为企业的老板，提升自身修养要注意哪些方面呢？

（1）乐于学习

学习不仅是一种习惯，更是一种修养。作为企业老板，要学习的不仅是知识，还有更多为人处世、企业管理的智慧。一个虚心请教、乐于学习的老板，会给企业的发展带来希望，给员工的成长带来曙光。

（2）开拓进取

优秀的企业家必须勤于思考，大胆创新，敢于承担风险，而不能盯着已有的成绩沾沾自喜，而要始终把自己的企业放在整个市场的熔炉里，不断接受挑战，不断开拓进取。为此，管理者要积极吸取新思想、新知识、新经验，不断提高自己的经营管理能力。

（3）胸怀坦荡

一个有修养的老板，应该是一个胸怀坦荡的人，应该听得进各种意见，然后认真分析，集思广益，果断地做出决策；对于别人的冒犯，应该大度能容，不予斤斤计较；对于员工的错误，予以谅解、鼓励，更好地激励员工知错就改。这样的管理者才能带给员工正能量，带给企业凝聚力。

（4）任人唯贤

在用人上，老板应坚持德才兼备的原则，做到任人唯贤，不要提倡哥们儿义气，拉帮结伙，搞亲亲疏疏或"亲化组合"。

管理心得

真正优秀的老板，不能眼里只有金钱，而没有一个高尚的人格来支撑。俗话说："小胜靠智，大胜靠德。"公司要想发展壮大，必须有管理者的品德做基石，这样才能凝聚人心，为企业发展而共同努力。

083. 打铁先要自身硬：管人者必先管好自己

俗话说："打铁先要自身硬。"管理者要想管好员工，必须先自觉地服从公司规定，发挥好表率作用。这样在管理员工时，才能"身正不怕影子斜"，才能充满威严，从而令下属自觉地服从你的管理。

三国时期，曹操是一位以治军严明而出名的政治家、军事家，他经常带头做表率，给部下树立好榜样。战争初期，曹操十分重视农耕，他出台规定：不允许任何人随便践踏农作物，一定要给农民留下好印象。虽然有这个规定，但总有士兵违反，结果，不分大将小兵，一律斩首示众。

有一次，曹操带兵经过一块麦田。突然，一群小鸟忽然飞过，把曹操的战马惊动了，战马一下子奔到了附近的麦田里。曹操当即叫来执法官，要求按规定治他的罪。执法官哪敢治罪于曹操，战战兢兢，犹豫了半天。曹操说："天子犯法当与庶民同罪，更何况我呢？我身为丞相如果不能以身作则，出尔反尔的话，以后还怎么治理军队？"

曹操的部将们见状，纷纷劝说曹操，请他以天下黎民百姓为重，从轻处理自己。于是曹操说："我作为主帅，不治死罪，但活罪难逃。"说完拔出宝剑，割下了一把头发，以示惩戒。从此以后，历史上有了"割发代首"的佳话。

如果违反规定之后，不要求处罚自己，怎么能够服众呢？正是曹操的实际行动，为将士们树立了一个榜样，让大家知道：如果违反了规定，必然按军法处置。这就是示范所起到的威慑作用。

管理心得

管理者管好自己，就是在树立榜样，向下属们发挥示范作用。因为只有先管好自己，才有资格管好部下，也才能有效地管理部下。如果管理者以身试法，任意践踏企业制度规定，又让下属怎样去遵守命令呢？

084. 做一个有影响力的领导者

为什么美国黑人牧师马丁·路德·金、印度"圣雄"甘地等，虽然没有显赫的职位或头衔，但是他们一句话就能掀起轩然大波？因为他们拥有强大的影响力，这种影响力不是权力所赋予他们的，而是来自于他们的知识、素质、人格魅力等综合因素。

美国前总统艾森豪威尔曾表示，领导力必须建立在影响下属的基础之上：让下属做你期望实现、又令他愿意做的事情。一个卓越的管理者发挥影响力的基础包括三个方面：

（1）判断力

管理者的判断力包括思想、观点、理念、视野、分析力度、哲学理念等等，比如，西方的苏格拉底、色诺芬、黑格尔、丘吉尔以及中国伟大的思想家孔子、孟子、老子、庄子等，他们都有丰富的思想境界和明确的人生方向，他们思想的视野、远见和判断力给了世人久远的影响力，引来无数的追随者。在市场竞争激烈的今天，管理者作为企业的领军人物，急需提升自己的思想、视野、分析力和判断力，这才是吸引下属追随的源泉。

（2）专业知识能力

专业能力是管理者影响力的重要源泉。早在 2000 多年前，苏格拉底就说过这样的话："无论在什么情况下，人们总是最愿意服从那些他们认为是最棒的人。所以，当人得病的时候，他们最容易服从医生，在轮船上则服从领航员，而在农场里则服从农场主，这些人都是他们各自领域里最有技能的人。一个最清楚知道应该做什么的人，往往最容易获得其他人的服从。"由此可见，拥有过硬的专业知识是一个管理者所必须具备的素质。

（3）人格魅力

影响力、领导力其实就是人格魅力的延伸，它们都来源于管理者本身的品格和素质。当我们强调管理者的人格魅力时，其实就是强调要做事先做人。要想成为一个令大家尊重和信任的人，无非就是做到智、信、仁、勇、严，即所谓的"智者不惑，无信不立，仁者不忧，勇者不惧，严于律己"。如果一个管理者能做到这些，那么何愁没有影响力。

管理心得

权力绝不等同于影响力，如果一个管理者仅仅靠权力和职位去领导下属，他不可能产生持久的影响力。因为如果下属不是被你的人格魅力、知识、才华、能力所征服，而是惧怕你的位高权重，那么随着你的离职，你的影响力也会迅速消失。

085. 影响力比权力更可靠

领导者的权力是职位所赋予的，是外部给予的，但领导者的影响力则源于内在素质和个人品质。权力的运用依靠强行镇压或强硬要求，而影响力的发挥则依靠知识、榜样和思想的感染、感动、带动。领导者通过权力管理下属，往往让别人口服心不服，而通过影响力管理下属则让人心服口服，完全臣服。

在《葛底士堡》这部电影中，讲述美国内战时期的一次重大战役——葛底士堡战役。电影中，有个片段描述了张伯伦上校如何对待逃兵。当时部队里有一批士兵出逃，被抓回来之后，一个逃兵代表抱怨："我们已经做了很多贡献，但是却受到了虐待，我们厌恶战争……"面对这一情况，张伯伦的部下劝他用手中的权力，严惩甚至枪毙这些逃兵，但是张伯伦没有这么做。

张伯伦向逃兵们阐述了这次战争的重要意义，"如果北方军失败了，那么我们就会失去最宝贵的自由。"他承诺给他们机会选择去留，同时通过晓之以理、动之以情的劝说，最终感化了逃兵，使他们心甘情愿地重返战场，并斗志昂扬地上阵杀敌，最后取得了葛底士堡战役的胜利。

领导者的影响力一般表现为知识、人格、思想等方面。关于知识的影响力，我们可以从一句俗话中感受到："知识就是力量。"著名的医生、教授、工程师、科学家、技工等等，他们在自己的行业里，都会给下属带来巨大的影响力；关于人格的影响力，我们可以从美国西点军校的校训中感受到："领导力就是品格。"领导者人格、品格的魅力涉及其价值体系，比如，诚实正直、责任担当、换位思考、坚韧不拔、宽容仁爱等等，这些品质都是下属愿意追随的原因。

当然，领导者的思想对下属同样具有很大的内在感染力。在公司、团队、组织中，眼光高明、思维睿智的领导者，往往受人敬仰、敬佩。古往今来，伟大的思想者总能引来前赴后继的追随者，比如，中国的孔子、孟子，美国的华盛顿、林肯，欧洲的苏格拉底、马克思等等，尽管他们已经逝世，但他们的影响力依然存在。再看看当今的商业界，海尔的张瑞敏、联想的柳传志、阿里巴巴的马云等人，都有敏锐的商业眼光，深邃的思想境界，他们也充满了影响力。

身为企业的领导者，如果你想让自己具备更大的影响力，除了增加知识、提升品格、提升思想，还可以从以下几个方面提升自己：

（1）以身作则

身教重于言传，一个简单有效的身体力行，很容易影响下属。很多领导者在下属面前高谈阔论，却没有为下属做好榜样，何谈影响力。相比之下，领导者少一些夸夸其谈，多一点身体力行，更容易感染下属、影响下属。

（2）理性说服

当下属与你有不同的观点时，如果你运用权力强迫他服从你，或置他的观点于不顾，那么下属今后可能不再积极提出自己的想法。反之，如果你理性地说服他，让他知道你为什么不赞同他的观点，这样下属更容易信服你。

（3）传播积极的因子

身为领导者，应该像太阳那样照耀整个团队，让大家感受到你的热忱和积极，让大家看到你在工作中享受到的乐趣，而不应该消极、冷漠。当领导者的乐观、希望、信心不断向外散发时，其影响力也会不断提升。

（4）及时给员工帮助

不论是在工作中，还是在工作之外的生活中，当你发现员工遇到难题时，如果你能及时站出来，给员工提供指导和帮助，久而久之，你的影响力自然就会提升。

管理心得

影响力使人臣服，权力顶多使人屈服，迫于无奈的屈服，总有一天会爆发出更强烈的反抗。只有心甘情愿的臣服，才能让员工死心塌地地追随领导者。因此，领导者的影响力比权力更可靠。

086. 胸怀宽度决定事业高度

作为一名管理者，有管理方面的专业知识、有过人的工作能力很重要，但更重要的是，管理者应该有宽大的胸怀。从某种意义上说，管理者的胸怀宽度决定了事业和自身发展上升的高度。这一点在世界富豪沃伦·巴菲特身上有非常典型的体现。

众所周知，巴菲特拥有过人的投资天赋。其实，除此之外，他还非常善于管理，他在管理上采取无为而治的策略，把权力充分下放给部属，这体现了他一种博大的胸怀和对下属的信任。

根据《华尔街日报》的报道，巴菲特过完75岁的生日，就当起了甩手掌柜。他让手下的经理们保持高度的自主，这丝毫没有影响他每年获得丰厚的投资回报。《华尔街日报》评价巴菲特：不但是一个天才的投资者，还是一个卓越的领导者。

巴菲特很少召开会议，也不要求管理者经常向他汇报工作。他名下有42家子公司，对于这42家公司的发展，他从来不直接干预，而是鼓励分公司的经理们独立地经营公司的业务。他经常描述自己公司的情形：这儿没多少事情可做。他甚至有时间给老歌填词，为朋友比尔·盖茨在生日聚会上助兴。

管理的最高境界是无为而治，但要做到无为而治却不容易，因为这考验的是管理者的胸怀和气度以及对下属的信任。如果一个管理者没有宽大的胸怀，他是不可能充分地下放权力的；如果管理者对下属不信任，也不可能充分下放权力。而一个不懂得放权的管理者，很大程度上是靠个人的智慧经营企业，下属的聪明才智和主动性难以充分调动起来，对企业的发展是不利的。

如果你懂得充分放权，把下属放在适合的岗位上，鼓励他们自主地发挥才能，激发出他们的智慧，使自己从日常琐碎的事务中解放出来，自然有更多的时间和精力把握大局，这种貌似"无为"的状态，其实是更加"有为"。

管理心得

胸怀决定事业的高度，这句话对管理者来说是最为恰当不过的。因为管理是一个充分借力的过程，只有包容人才、接纳人才，懂得放权给人才，才能充分调动他们的积极性，借助他们的聪明才智，为企业发展出一份力。

087. 言行举止都要有表率作用

英国有一句很有名的谚语："好人的榜样是看得见的哲理。"榜样是一个学习的典范，可以影响一群人。身为企业管理者，如果不能成为部下的好榜样，而是带头违反规定，上行下效，那么就会带坏整个团队。

如果管理者言行举止都能对下属起到表率作用，那么无疑会激励下属们更加努力进取。在这一点上，第二次世界大战时，英国元帅蒙哥马利就做得很好。每次大战之前，他都会到前线去慰问士兵，鼓舞他们的士气。所以，他指挥的军队能够在北非战场所向披靡，将敌军打得落荒而逃。

在企业管理中，如果管理者有意识地在言行举止方面为下属做表率，比如，说话客观公正，举止得体，那么对下属肯定产生积极的影响。

要知道，管理者的威信是由自己的言行树立起来的。如果你和下属谈话，谈了几个小时，却没有说出一句有实际意义的话，那么这场交谈是毫无意义的。而对下属而言，你的形象也将大打折扣，因为下属会认为你是一个"满嘴跑火车"的人。

如果管理者没有主见，经常被人左右，那么他也难以得到下属的尊重与服从。比如，在商谈某个问题时，管理者没有主见，总是反反复复地找人商量，可是商量容易决策难，到最后还是没有结果，试问，这样的管理者怎么能得到员工的服从和敬佩呢？

所以，管理者必须时刻注意维护自己的威信。在与下属交谈时，应做到话题明确、兼收并蓄、取长补短、求同存异。在大家意见不一致的情况下，不要急于反驳别人，不要急于下结论，而要以低调的姿态引导别人认同你的观点。

管理心得

　　管理者的一言一行都会对下属产生潜移默化的影响。因此，在与下属相处过程中，在企业管理过程中，管理者要适当地运用口才，准确地表达决策和意图，透彻地说明道理，使下属对你心服口服。

088. 小公司老板的形象不可轻忽

　　良好的形象是管理者成功的基础，是管理者树立威信的前提。管理者的形象，作为企业形象的一个重要标志，在很大程度上影响着企业的发展。管理者良好的形象可以向客户传达卓越的企业文化，可以提升客户的信任度，可以向员工传递积极的影响力，使员工重视礼仪素养和职业形象。

　　香港著名的企业家李嘉诚，在总结 50 多年的管理经验时，说过这样一段话："如果你想成为团队的老板，那么这简单得多，因为你的权力来自于你的地位，这可来自上天的缘分或凭仗你的努力和专业知识；如果你想做团队的领导，则较为复杂，你的力量源自人格的魅力和号召力。"

　　从李嘉诚的话中，我们可以发现：企业老板要想成为领导者，就必须把自己具备的素质、品格、作风、工作方式等发挥在领导活动过程中，这样才能更好地完成领导任务，展现领导能力。如果一个领导者没有人格魅力，没有良好的形象，那么他的能力是难以得到完美体现的，即使他的权力再大，也无法带领团队走向成功。那么，领导者怎样树立良好的形象呢？

（1）保持标志性仪态

心理学家研究发现，一个人对他人的第一印象一半以上受对方的外在形象影响。作为企业领导者，你的个人风格与你的职业密切相关，是你公司的象征，因此，你有必要保持标志性的仪态和风格。当别人看到你的这种风格时，他就很容易想到你的企业，这样一来，你的形象就会成为你企业的商标。

（2）轻松自如地运用肢体语言

人际交流专家、女性总裁组织的总裁马莎·费尔斯通博士曾说："一个特定的信息可以由多种非语言的行为来传递。如果在一次特定的交流中，持续出现一种表达积极信号的非语言的行为，那么这次交流肯定向着积极的方向发展。"这种非语言的信号如果运用不好，在几秒钟之内就可以摧毁你的形象。例如，紧张时的坐立不安、得意时的手舞足蹈、交谈时的东张西望等等，因此，管理者一定要注意从容地运用肢体语言。

（3）注意自己的面部表情

面部表情最能表达人的情绪，假如你整天愁眉苦脸，相信别人对你不会产生好印象。下属看到你整天愁眉苦脸，很可能对你敬而远之，生怕不小心惹恼你；客户看到你愁眉苦脸，也很容易拒绝与你合作。因此，一定要展现出积极的面部表情，露出你的笑容，表现出你的淡定。这样才有成功领导者的风范。

管理心得

身为企业领导者，一定要注意运用非权力影响力来感染你身边的人，尤其是你的下属。从你的形象上，如果下属看到了积极乐观、光明磊落，那么下属将会增进对你的好感，从而促使他们服从你的管理。

089. 自己做到才能要求别人

有人说，要想成为一个成功的管理者，要花50%以上的精力去为员工做表率。试想一下，如果一个管理者每天上班不守时，怎么要求下属守时呢？一个上班常打私人电话、上网聊天的管理者，怎么要求下属集中精神、全力以赴地工作呢？一个背后说客户坏话，吃公司回扣的管理者，怎么要求下属真诚对待客户、忠于公司呢？

相反，如果管理者不论刮风下雨、雷打不动准时上班，那么他的下属还好意思迟到？如果管理者严于律己，上班时认真对待工作，那么他的下属还敢为所欲为？如果一个管理者对客户毕恭毕敬、真诚地为客户服务，下属如何敢傲慢滑头呢？所以，如果你想要求下属，请自己先做到，你做到了，下属相应地都会自觉起来。

李嘉诚在管理中，非常重视给员工做榜样。他经常对自己的员工说："自己没有做好，怎么能要求别人做到呢？"虽然李嘉诚是董事会主席，但是他和普通员工一样遵守公司的制度，从来不会轻易违反公司的规定。为了节省时间，提高开会的效率，他要求高阶主管开会要注意控制时间，最长不能超过45分钟。如果超过了规定的时间，一定要立即终止，如果有的事情没有处理完，必须自行找时间处理。

制度刚出台时，很多人一时间适应不了，开会经常超时。有一次，李嘉诚和几名董事开会忘了时间，当他们看表时发现已经超过了一个小时。李嘉诚当即决定散会，几位董事提醒李嘉诚事情非常紧急，希望破例处理完。但李嘉诚语重心长地说："我们是公司的高层人员，如果我们做不到，怎么要求员工做到呢？公司上下有数千双眼睛，都在盯着我们呢，我们一定要做出好榜样。"

海尔的张瑞敏曾经说过："管理者要是坐下，部下就躺下了。"这句话告诉我们，如果管理者不加强自我约束，不做好表率，部下就会更加放松、放纵，这样就无法管好企业。只有自己先做到，才能要求别人做到，用实际行动去影响员工，才能产生强大的感召力。

管理心得

伟大的思想家孔子曾经说过："其身正，不令而行；其身不正，虽令不从。"作为现代企业的领导者，应该努力以身作则，给下属树立良好的榜样。否则，上梁不正下梁歪，很难把企业经营好。

090. 平易近人和幽默会让你更有亲和力

平易近人是人际关系的黏合剂，是人际交往过程中优秀的特质之一，可以很好地拉近人与人之间的距离，从而构建人与人之间友谊的桥梁。在企业中，对待员工时如果你不是高高在上而是平易近人，那么会使你显得更有亲和力。如果你再表现出幽默感，那么你将很容易赢得员工的好感。

张经理见一女下属经常周一迟到，他想提醒她一下，于是问道："李小姐，星期天晚上有空吗？"女下属笑着说："当然有，先生！"张经理说："那就请你早点睡觉，省得经常周一早上上班迟到。"女下属笑着点了点头，在一种轻松的氛围中接受了上司的提醒。

还有一次，下属小王因为一个方案被否定了，冲动之下要和张经理决斗。张经理笑着说："决斗我可不怕你，不过，我有个小小的要求，时间、地点及武器由我决定。"小王同意了。

张经理说："时间就是现在，地点就在我的办公室，武器用空气。"

小王愣了一下，然后哈哈大笑起来，一场冲突就这样轻易化解了。

在管理中，运用幽默不仅可以松弛上下级之间紧张的关系，还可以避免与下级发生冲突，即便产生了冲突，幽默也是最好的化解方法。上文的张经理就善于运用幽默，既能恰到好处地提醒下属注意上班纪律，又可以及时扑灭下属的怒火，使大家在一番欢笑中淡化矛盾。这就是管理者的高明之处。

管理心得

作为一名管理者，既要有平易近人的修养，又要善于运用幽默的智慧，因为平易近人会使你有好的人缘，用语幽默会使你更有亲和力。这样才能游刃有余地处理与下属和同事的关系。

091. 感情用事不是好老板的作风

在遇到不顺的时候，有些管理者往往喜欢感情用事，凭个人的爱憎或一时的感情冲动来处理事情。殊不知，这样做会使他们错失解决问题的最佳时机，还会给人留下一个暴躁、不成熟的印象。

试想一下，作为一名管理者，如果在遇到问题时，首先想到的是发泄愤怒、追究下属的责任，甚至将下级骂得狗血喷头，而不是尽快想办法解决问题、弥补损失，那么最后问题可能会越来越严重，还会给下属留下无能的印象。因此，学会控制情绪，拒绝感情用事是好老板应有的作风。

米德将军是林肯的下属，他因为拖拖拉拉、不服从林肯的命令而贻误战机，错失了一举歼灭敌对势力李将军的大好机会。林肯得知此事后，气得浑身发抖，他大声吼道："上帝呀！这是为什么？他们已经在我们的手边了，只要一伸手，他们就成为我们的了。可是我的言语和行动就没能使我的部队动一动，在这种情况下，几乎任何一位将军也能把李将军打败。如果我去那里，我将亲手给米德一个耳光。"

在这种暴怒情绪的支配下，林肯依然能够控制自己冷静下来，然后给米德写了一封信："我亲爱的将军，我相信你并不了解李将军逃跑所造成的后果将是多么的严重。他已经落到了我们手里，如果歼灭他，就会立即结束战争，可是如果不这样，战争将无限期地拖延下去，你当时怎么会那么做呢？要说你现在还能再做出更多的成就，那是不可想象的，而且我现在也根本没这个指望。你的黄金时间一去不复返了，而我也因此感到无比遗憾。"

然而，就是这样一封信，文字中没有任何批评的话语，却一直未被林肯寄出去。多年以后，林肯去世了，人们才在他的文件夹里发现了这封信，它一直保存得很好。

毫无疑问，林肯是一位理智的领导者。事实上，如果林肯臭骂米德将军一顿，也许只能激起米德的极力辩解，对解决问题没有任何好处。聪明的他肯定意识到了这一点，所以才选择写信来发泄不满情绪，表达内心的失望。

在企业管理中，管理者不妨向林肯学习，当公司出现问题时，试着克制自己的不良情绪，然后通过积极的思考来转移坏情绪，以免暴怒之下恶语伤人，有失管理者的领导风范。

管理心得

出了问题之后，首先应该着手解决问题，待问题解决之后，再去追究下属的失职之责也为时不晚。同时，记得追究自己的责任，因为下属工作不力，导致出现问题，作为管理者，你也有不可推卸的责任。这样才能让下属更加信服。

092. 不要陷入偏见的泥潭

下面是一位管理者讲述的故事：

几年前，我们单位来了一位女员工，由于她穿着过于时髦，让我感觉很不舒服。于是，我对她产生了偏见，认为她只是一个华而不实的女人，是一个花瓶，不会有什么真本事，因此，在工作中，我总是把重要的任务分配给其他人，从不让她参与进来。

一段时间后，这位女员工大概看出了我对她的偏见，于是选择了辞职，去了同行的另一家企业。然而，让我没有想到的是，一年后，她竟然在那家公司干得风生水起，工作业绩特别突出，还写了多篇国家级重要论文，在重要的期刊上发表，深得领导的赏识和器重。

由于我的偏见，导致一个优秀人才白白流失，这件事让我感到十分后悔。从那以后，我明白了不能带着偏见看人，每当我对一个人有偏见时，我就会提醒自己：不要用肤浅的眼光看人，多去了解他，才能知道他的实力。

生活中，我们经常带着偏见看人。当我们看到一个人脸上有块刀疤时，就想当然地认为他不是一个好人，赶紧避而远之；当我们看到别人来自农村时，就想当然地认为他没有修养，于是看不起他；当我们看到员工在某方面有缺陷时，就错误地认为他另外一些方面也不行……

其实，并不是别人真的不行，而是我们戴着有色眼镜看人。作为一名管理者，一旦陷入了偏见的泥潭，后果是非常可怕的，就像上文那位管理者，只因他的偏见，逼走了一位优秀的人才，这对企业而言是巨大的损失。

很多时候，偏见会令管理者陷入痛苦、烦恼的泥潭，失去客观看人、理智用人的智慧。因此，放下偏见，对员工多一点包容、多一点接纳吧，只有这样才能赢得人心，才能得到人才的支持。

管理心得

　　没有偏见，才能包容一切。当你对一个人持有偏见时，你就难以做到公平与公正地对待他。当你对一群人持有偏见时，就会影响整个团队的友爱与团结。因此，放下偏见，才是企业管理者应有的素养。

093. 许诺别人，一定要恪守信用

　　日本"经营之神"松下幸之助说过："想要使下属相信自己，并非一朝一夕所能做到的。你必须经过一段漫长的时间，兑现所承诺的每一件事，诚心诚意地做事，让人无可挑剔，才能慢慢地培养出信用。"因此，当你许诺别人之后，一定要恪守信用，这是你赢得别人信任的最好办法。如果你轻易许诺，却不去兑现，那么只会失信于人。

　　有一家小公司的老板许诺下属："下个月，我给你每月200元的住房补贴。"到了下个月发工资时，下属见老板并未给他200元的补贴，于是忍不住提醒老板。未曾想到，老板支支吾吾地说："这个月已经给你加了100元的工资，就不给你住房补贴了，下个月再给你。"下属一脸不悦，虽然他没再说

什么，但从此以后，他不再信任老板。半个月之后，这位下属提出了辞职，理由是：跟着一个不守信的老板，永远不可能有前途。

不要怀着无所谓的心态敷衍下属，要知道，下属会随时注意你的一言一行，尤其是当你许诺之后没有兑现，下属认为"我被骗了"，那么他对你所产生的愤怒是无法估量的。此时，如果你能弥补过失，应该尽快弥补。以上文为例，马上兑现200元的住房补贴。如果确实无法兑现，不妨诚心诚意地向下属道歉。

无论有没有第三者在场，作为公司的管理者，当你与员工谈话时，千万不能轻易许诺。如果你把许诺当成家常便饭，把违背诺言也当成家常便饭，那么下属会认为你说话不负责任，毫无诚信可言，以后他不可能再相信你，你下达的命令他可能也不会认真对待，你对他所采取的激励，也不会产生效果。所以，如果你想给下属留下诚信的形象，请记住：许诺之后，一定要恪守信用。

管理心得

你想拥有驾驭下属的卓越能力吗？那就必须做到一言既出、驷马难追。记住几点忠告：不要向下属承诺你办不到的事情；不要向下属承诺尚未决定的事情；不要做出自己无力贯彻的决定，不要发布下属无法执行的命令。

094. 领导就是要敢于承担责任

世界上有两种管理者，一种管理者在努力辩解，推卸责任；一种管理者在不停地表现，敢于担当。毫无疑问，真正优秀的管理者应该尽量地表现，少去辩解，要敢于负起责任。当出现问题时，首先去反省是不是自己的原因？当准备推卸责任时，想一想自己是否也应该承担责任？

美国著名管理顾问史蒂文·布朗曾经说过："管理者如果想发挥管理效能，必须得勇于承担责任。"美国总统杜鲁门就是这么做的，他在自己的办公室门口挂了一个醒目的牌子，上面写着："Buckets stop here。"意思是问题到此为止，不会再把问题传给别人。其实，每一位管理者都应该把这句话当成自己的座右铭。

在很多情况下，管理者应本着对工作和下属负责的态度，敢于负起责任，敢于面对问题，把过失揽到自己身上，这不仅不会影响你的威严，还能使你更加容易赢得下属的信任。下属会觉得，追随你有一种安全感，大家会团结在你的领导下，形成强大的凝聚力和战斗力。

管理心得

敢于承担责任，能体现一个管理者的气度和修养，也容易赢得下属们的尊重和信任。敢于承担责任，还能为下属树立榜样，起到表率作用，营造积极负责、敢于担当的企业氛围，使整个团队在积极的影响下成长。

095. 不要随便显露你的情绪

总是把情绪写在脸上，会使人轻易看透你的内心，看穿你的想法，有损你的形象，不利于树立你的威严。作为一名管理者，应该学会控制自己的情绪，做到凡事泰然处之。这样才能彰显沉稳的气度，让下属从你的脸上看到信心和希望。

三国时期的诸葛亮有个老婆黄氏，此女发黄面黑，长相一般，但是诸葛亮欣赏她的才华和品德。自从诸葛亮娶了这个贤内助之后，他就受益匪浅，后来挂印封侯，成就伟业，也有这个贤内助的功劳。

传说诸葛亮手里的鹅毛扇就是黄氏送给他的礼物，这把扇子上画着八阵图，黄氏让诸葛亮随身携带，有三个目的：一是不忘夫妻恩爱，二是对行军作战大有裨益，三是告诫他息怒。因此，诸葛亮辅佐刘备时，才会经常摇着扇子，一副运筹帷幄、决胜千里的姿态。

黄氏为什么要送诸葛亮鹅毛扇呢？因为她发现诸葛亮畅谈天下大事、说到胸中大志时，就器宇轩昂；谈到刘备先生想请他出山时，就眉飞色舞；一讲到曹操，就眉头深锁；一提到孙权，就忧戚于心。黄氏说："大丈夫做事情一定要沉得住气，我送你这把扇子就是给你用来遮面，挡你的脸的。"

每当诸葛亮拿起鹅毛扇一摇，他就想起了妻子的叮嘱，于是头脑很快就冷静下来。

身为企业的管理者，不要随便显露你的情绪，对你管理企业、领导下属是非常有必要的。因为管理者的情绪对下属有强大的影响力，当管理者情绪激昂时，会给下属带来激情；当管理者的情绪失落、沮丧、愤怒时，会带给下属恐慌和不安。下属希望有一个安定的环境，而不希望经常处于动荡不安的气氛中，在平和的氛围中，他们才能按部就班地把工作做好。为此，管理者必须做到这样几点：

一是不要把喜怒哀乐挂在脸上；

二是不要逢人就诉说你的困难和遭遇；

三是在征询下属意见之前，请先思考，但不要讲出来；

四是不要一有机会就在下属面前唠叨你的不满；

五是重要的决定尽量和别人商量，最好隔一天再发布；

六是讲话做事时，不要有任何慌张的神色，走路也是。

管理心得

不随便显露情绪，是一种成熟，是一种城府，是一种管理的智慧。作为一名管理者，保持情绪稳定，才能营造稳定的团队氛围。因为管理者的情绪就是团队成员情绪的源头，源头轻浮不定，员工也会心神不宁。

096. 情绪不稳定，则管理不稳定

有一个故事对管理者有很大的启示意义：

三国时期，孙权派吕蒙夺取荆州，关羽战败，还被吴军杀害。关羽死后，孙权把关羽的人头献给曹操，想嫁祸曹操，但曹操识破了孙权的诡计，于是将计就计，以重礼安葬关羽。蜀人得知此事，都对孙权恨之入骨。尤其是刘备，他一怒之下，率水陆两军数万人马远征吴国，虽然诸葛亮和上将赵云苦苦相劝，但他根本不听。

刘备率军深入吴境数百里，吴军主将陆逊采取固守不出的策略，不与刘备军队正面交锋。就这样，蜀军与吴军一直对峙了4个月，吴军没有后退半步，蜀军也没有前进半步。当时正值炎炎夏日，烈日当空，蜀军水兵在船上酷热难耐，只好上岸在夷陵一带扎营，以躲避酷暑。

陆逊见刘备的军营绵延百里，而且都在茂密的树林里，于是采取了火攻破蜀的策略。结果一把火烧掉了蜀军的大营，蜀军在毫无防备的状态下乱作一团，军营全被烧毁，然后陆逊率军乘机掩杀，蜀兵死伤无数。刘备在众将的殊死奋战下，才逃出来。经此一战，蜀军元气大伤，刘备不久之后在绝望中病死了。

刘备之所以惨败于吴军，原因就在于他在冲动之下做出了

错误的决定。因为人在情绪不稳定、冲动的时候，很难做到理智地思考问题，制定成熟的战略部署。同样，作为一名管理者，如果你不懂得保持稳定的情绪，经常在冲动的时候做决定，那么你也会把团队带入困境。

管理者的情绪不稳定，管理也会不稳定，整个企业就会陷入动荡和危机之中。因此，管理者要明确情绪在工作中的利害，并把个人情绪尽量和工作事务分离开来。在决策时，切记要保持稳定的情绪，保持平稳的心理状态。

管理心得

管理者要及时控制和消除不良情绪对自己的影响，让自己保持平稳的情绪。在做决策时，不要带着负面情绪；与下属交流时，不要带着冲动情绪。这样才能做出好的决策，才能维持企业的稳定发展。

097. 守静致远，不轻率决策

每个人在生活中，难免都会做出这样或那样轻率的决定或行动，但是作为一个拥有决策权的管理者，如果任凭心情、经验想当然地拍板定案、盖棺定论，轻率地做出决定，往往会产生意想不到的严重后果。

1939 年，德国物理学家哈恩率先发现了原子核裂变现象，并预见到利用裂变中的中子链式反应原理，可能会制造出杀伤力极大的武器。不久之后，第二次世界大战爆发，德国、美国的科学家都开始思考利用这一原理制造原子弹，他们纷纷向各自国家的最高当局汇报这一想法。但是德国的最高统帅希特勒和美国总统罗斯福对这一汇报，做出的决定截然不同。

希特勒在二战开始阶段，采用"闪电战"战术取得了不少胜利，他特别醉心于这种战术，当德军参谋人员把制造原子弹的方案告诉他时，他问："这个玩意儿能否在六个星期之内研制成功？"得到的回答当然是否定的。于是，希特勒轻率地做出决定："凡是六个星期之内无法研制成功的武器，一律不准研制。"

美国总统罗斯福是怎样的态度呢？一开始他也怀疑原子弹的功效。但是后来在爱因斯坦等著名科学家的劝说下，他才意识到原子弹的威力，于是督促研究人员尽快研制，并由此推进了研制原子弹的"曼哈顿计划"，这也使美国率先掌握了核武器。

从这个案例中，我们可以看出：轻率地做决定是不明智的，因为轻率的决定往往不周全、不理智，甚至是片面的、鲁莽的、幼稚可笑的。

管理心得

轻率的、不加思考的决定是没有远见、不成熟的，不但会让自己遭受挫折，而且还会让下属们也跟着受累。优秀的管理者不应该拍脑袋做决定，而要全面思考、分析利弊，做出更科学、合理的决策，这样企业的发展才有保证。

098. 处变不惊，体现出大将风度

一个优秀的管理者，一定要有处变不惊的修养，否则难堪大任。可以假设一种场景，公司经营突然出现危机，产品质量问题被曝光，管理者一听当场急得慌乱起来。下属们看在眼里，会做何感想呢？下属们肯定会想：大事不好了，公司要完蛋了，还是赶紧撤吧！管理者应该成为下属的"定心丸"，要发挥安抚人心的作用。越是在危机面前，越要处变不惊，这样的管理者才能体现出大将风范。

战国时代，秦国独强，各国都惧怕秦国，经常割城池给秦国。有一次，赵国得到一块和氏璧，相传价值连城，秦王得知这一消息后，就打起了和氏璧的主意。秦王派使者前往赵国，表明愿意用十五座城池换和氏璧。

赵王心想：秦王一向只想占便宜，从来不肯吃亏。这一次这么大方，肯定有问题。如果不答应秦王的要求，又担心秦王发兵；答应吧，又怕上当。赵王思来想去，不知道怎么办，就和大臣们商量，但大臣们也想不出好办法。

后来蔺相如自告奋勇地带着和氏璧前往秦国面见秦王，秦王看到和氏璧后，爱不释手，东抚西摸，大有占为己有的邪

念。蔺相如察言观色，深知秦王的小心思，于是谎称和氏璧有瑕疵，让他给秦王指出来。然而，当他把和氏璧拿到手里之后，马上做出要摔碎的姿势，说："秦王，如果你不讲道理，想霸占和氏璧，我蔺某就血溅七尺，连璧玉一起摔碎。那时候，玉碎了，大王的信用也碎了，人人都会指责您的不是。"

秦王讪讪地笑了笑，最终被蔺相如的处变不惊折服。

处变不惊是一种超强应变力的表现，即面对突发事件时善于灵活地处理的能力。作为一名管理者，纵然判断力和预见性再强，也不可能完全预见事物的发展，因此，突发事件是难免的。这就要求管理者必须具备处变不惊、临危不惧的应变能力，最大限度地将偶然因素变成实现目标的有利因素。

管理心得

作为一个管理者，应该达到"心有惊雷而面如平湖"的境界，无论遇到什么问题，都要保持镇定自若的状态，这样才能从容理智地做出应变策略，最后赢得胜利。

099. 优柔寡断是做领导的大忌

市场行情瞬息万变，决策时稍有犹豫和拖延，就会降低决策的效率，还可能直接错失机遇。因此，领导者在决策时一定要坚定果断，绝不能顾虑重重，畏缩不前。看看那些成功的企业家，他们都称得上是果断的决策者。

20世纪50年代中期，欧美市场上塑胶花逐渐受人欢迎，很多人都喜欢在家里装饰塑胶花。李嘉诚发现这一行情后，意识到了其中必有商机，于是他当机立断，丢下其他生意，全力投资生产塑胶花，由此占据了市场，赚得了滚滚财源，他的塑胶花工厂一举成为世界上最大的塑胶花工厂，他也被誉为"塑胶花大王"。

60年代后期，李嘉诚预测到塑胶花市场将会由盛转衰，于是他立即做出退出塑胶花行业的决定，避开了一场塑胶花行业危机。20世纪60年代末，李嘉诚看到香港经济开始起飞，地价狂飙不止，李嘉诚认识到地产业充满无限商机。于是他迅速购置大量土地，从事房地产开发行业，为此他又大赚一笔。

李嘉诚的成功与其果断决策有着密不可分的关系，在决策时他反应敏锐，处事果断，懂得该进则进、该退则退。所以，他才能在香港、亚洲以及世界领域获得举足轻重的地位。

众所周知，在战场上只有果断把握战机，才能把战争的主动权和胜利的主动权牢牢掌握在手里。其实，商战也需要把握商机，而优柔寡断是最大的忌讳。如果你不想让机遇白白流失，不想让成功擦肩而过，就要培养敢于决断的素质和魄力。只有这样，你才能成为优秀的管理者。

管理心得

在决策时，经过一些慎重的利弊分析和权衡之后，行就行，不行就拉倒，绝不要陷入模棱两可、犹豫彷徨中。决定了就不要怀疑自己，而要立即行动起来。只有这样你才能避开优柔寡断的折磨，把转瞬即逝的机会牢牢把握在手里。

100. 既要能力非凡又要谦恭待人

很多人有了一定的能力、职位、权力之后，往往因为高傲、爱面子、怕被瞧不起等原因，变得傲气十足，无法做到谦恭待人。事实上，别人不会因为你谦恭待人而小瞧你，相反，大家会认为你充满亲和力，会对你产生好感和认可。

作为一名企业管理者，既要有过人的能力，也不能缺少谦恭的待人处事态度。这样会让下属觉得你更加具有人格魅力、亲和力。遗憾的是，在很多企业中，具备谦恭态度的管理者并不多见。也许在企业创业初期或陷入困境时，管理者能够谦恭待人，和下属打成一片，把下属当成兄弟一样对待，但是当企业处于稳步发展和上升期时，管理者往往会得意忘形，变得居功自傲、高高在上。这就是人性的弱点使然，这往往是管理者铸下大错或失败的重要原因。

在当今的企业管理中，如果管理者懂得谦恭待人，不仅可以赢得大家发自内心的赞同，还可以获得更多的建议、思想和智慧，从而使管理者更好地制定决策。

曾几何时，IBM 是一个官僚作风盛行的公司，管理者听不到下面的声音，听到了下面的声音也置之不理。因此，制定的决策频繁失误，逐渐使企业陷入亏损状态。后来，郭士纳担任总裁，由于他是 IT 行业的门外汉，于是他采取谦恭的态度，不断向各部门征求和了解大家的意见、建议，虚心地向库管人员求教。渐渐地，他改变了员工对管理者的不信任态度，逐渐赢得了员工们的拥护和信任。最后，谦恭的态度如春风般吹袭了整个 IBM 管理层，吹散了 IBM 沉积多年的傲慢官僚作风。

从 IBM 的案例中，我们可以发现一个管理者拥有谦恭的态度，对企业的发展有多么重要的意义。相比于管理者的能力，也许谦恭的态度更为重要，郭士纳对 IT 行业不懂，但却能管理好 IBM，这就是最好的说明。

管理心得

谦恭不是一种表面姿态，而是一个人内在品德和修养的外在表现。虚心学习下属的长处，谦恭地对待下属，敏而好学，不耻下问，虚怀若谷，这应该成为每一个管理者的座右铭。

101. 无论下属怎样议论你，都要保持平常心

管理者是公司的焦点，一言一行都会受到众人的关注，言行稍有不当就可能引起下属的背后议论。事实上，下属背后议论你并没有什么大不了的，关键在于你要从下属的议论中认清

自己是否存在失当行为，有则改之，无则加勉。这才是一个明智的管理者应该做的。

每个管理者都希望得到下属的一致认可，无论是表面上的认可，还是私下议论时流露出的欣赏和赞扬。当他们发现自己并没有被下属欣赏和赞扬，而是被下属背后议论时，很多管理者往往会火冒三丈，认为下属人品有问题，背后议论人，是小人的姿态。于是，他们很可能会批评指责下属，利用自己的权力处罚下属。殊不知，这样做只会适得其反，因为批评、指责、处罚只会带给下属怨恨，使下属更加不信任、不信服管理者。

其实，下属的议论并非全是恶意，也许他们只是随口一说，略带一些主观色彩。作为管理者，没必要太当真，怀着一颗平常的心去对待才是理智的。具体来说，管理者可以参考下面几点来应对下属的议论：

一是冷静地思考，深入地剖析、反省自己。管理者要善于从下属的议论中查找自己的原因，比如，思考管理方式是否得人心、言语是否有失当之处、处事方式是否有不妥等等。如果发现自己确实存在问题，管理者要虚心接受批评，并提醒自己改正缺点。

二是在听完下属的议论之后，尝试着多去了解员工的想法。管理者应该明白，下属对你的议论也许只是他内心想法的一小部分，也许他们还有很多对你的看法没有表达出来。因此，你不妨主动走近下属，与他们谈谈心、多交流，详细掌握下属背后议论你的背景、内容、根源。这样有利于你从根本上消除下属对你的不满，还有利于表现你的平易近人，融洽上下级关系。

管理心得

无论下属怎样议论你，都要保持平常心，试着去了解下属议论你的原因，反思自身存在的问题。对于下属无端的、过激的、侮辱性的议论，你可以私下警告下属，让他有话直接和你说，而不要在背后添油加醋地议论。

102. 德才兼备才能有号召力

在企业管理中，领导者个人威望的树立，不仅与其综合素养、道德品质有密切的联系，还与其能力素质直接相关。有些管理者综合素养、道德品质较好，但是能力素质较差，这样"无能的好人"也是难以树立良好威望的。如果一个领导既有过人的能力，又懂得低调谦逊，还有宽大的胸怀，那么他无疑会产生强大的感召力和影响力。当他们带领下属时，往往能产生一呼百应的号召力。

有一天，一个男孩问迪斯尼的创办人沃尔特·迪斯尼："你画米老鼠吗？"

"不，不是我。"沃尔特说。

"那些笑话和点子是由你负责的吗？"

"没有，我不做这些。"沃尔特说。

最后，男孩追问："迪斯尼先生，你到底都做些什么呀？"

沃尔特说："有时我把自己当做一只小蜜蜂，从片厂一角飞到另一角，搜集花粉，给每个人打打气，我猜，这就是我的工作。"

面对男孩的提问，沃尔特的回答充满了童趣。在这童趣般的回答中，充分彰显了一位领导人物的低调形象，也说明了领导的感召力对企业发展的重要作用。

英特尔公司的创始人之一安迪·格鲁夫曾经说过："领导者，最重要的职责就是时刻要发挥自我的人格魅力，去正面地影响每一个人的工作，甚至终生，而不是死板地去管理他们。"成功的领导者往往充满亲和力和感召力，他们经常深入员工之中，关心员工的生活冷暖，平等地对待他们。

什么是感召力？确切地说，它是一种内在的东西，是指领导者通过自身的内在与外在素质的培养与修炼，形成一种很强的吸引力。感召力不是孤立存在的，它与前瞻力、影响力、决断力和控制力等紧密联系在一起。当一个领导者拥有强大的感召力时，他才能一呼百应，吸引更多的人追随他。

一般来说，一个领导者的感召力通常来自于这样几个方面：一是远大的理想或愿景、坚定的信念、对未来的梦想；二是要有远见，能够看清组织未来的发展方向和路径；三是要有人格魅力，具备外向、可靠、随和、情绪稳定、自信等特质；四是要有高智商，能力卓著，经历非凡；五是要充满激情，愿意和希望迎接挑战，能够带领被领导者实现高远的目标。

管理心得

优秀的领导者重在感情上激励员工，为员工考虑，帮助员工成长，通过这些表现赢得员工的敬重，从而在员工心目中树立权威、核心的领导地位。如此一来，他们就具备了相当的感召力，从而对员工充满号召力。

103. 在言行举止中透露精明强干

有些管理者给下属的印象是说话掷地有声、做事雷厉风行，显得十分精明强干。精明强干是管理者重要的内在气质之一，无论是说话办事，还是制定决策，管理者都应该做到干脆利落、绝不拖泥带水。这是一个优秀管理者能力、魄力的最直接体现，对提升管理者的外在形象非常有利。

对于这样的管理者，下属往往会产生钦佩之情，因为跟着他们干事，能感受到一种高昂的斗志、激情和力量。你想成为这种精明强干的管理者吗？其实，这并非难事，只要你借鉴下面的建议，并经常训练，你会慢慢向精明强干的形象靠近。

在对下属演讲、做报告时，要表现得果断威严，充满震慑力。不管在哪种情况下，他们讲话一是一、二是二，绝对不要含糊不清。在做决定时，要么不要透露自己的想法，要么鲜明地表达立场和决策，这个时候最忌讳的是优柔寡断，因为那表明你心中没有底气或内心恐惧。

在关键时刻，要挺身而出，做一个英明的决断。这样才能增加你的感召力和影响力。倘若你平时派头十足，到了关键时刻却缩手缩脚，这个反差只会让你成为大家眼中的笑柄。当然，仅仅是果断决策是不够的，因为这不足以打造出你精明强干的气质，你还需在工作的一点一滴中包装自己。与下属交谈时，即使下属处于主动，你处于被动，你也不用担心被对方左右。当下属的意见与你相左，但你认为下属的意见对公司有利时，也不用急着表态，你可以从容地说："让我思考一下。"这样一方面有时间从容思考和取舍，避免草率定案，另一方面也能增加你的权威形象。

在开始讲话之前，试着整理一下思路，先说什么，后说什么，应该有一定的计划；在会议的最后，抓住机会做总结性的发言，可以让下属觉得你具有深厚的功底；在发言中，使用极其明确的数字，可以让下属觉得你思维周密；在探讨专业话题时，使用通俗易懂的语言，会使下属对你产生好感。在等待约见的人时，手里拿着记事簿翻一番，可以让人觉得你懂得充分利用时间；在接纳物品时，可以放慢一下动作，这样可以让人

觉得你是个从容不迫的"人物";在重要宴会等场合,与重要
人物相邻而坐,可以让下属觉得你能力不凡。

管理心得

为了在言谈举止中透露出精明强干,管理者一定要表现出
自然的神态、从容的姿态,万不可流露出做作之态,否则,会
适得其反。俗话说,习惯成自然,你经常提醒自己去透露精明
强干,时间久了,你精明强干的气质就会印刻在你的骨子里。

104. 以说服力塑造影响力

说服是一种高超的语言技巧,如果没有良好的语言功底,
没有出色的口头表达能力,说服是难以奏效的。在传统的管理
方式中,管理者通常喜欢用命令的形式要求下属合作,在命令
之下,下属无法心甘情愿地与管理者实现合作。因为命令是以
单方面的力量来推动的,是用权力手段强迫他人去行动的,因
此很容易招致反感甚至是反抗。在现代管理中,我们更多地强
调运用非权力因素去影响员工,使员工自愿服从,因此,管理
者有必要充分运用说服的力量。

在一次激烈的战斗中,拿破仑派手下两个屡建奇功的军团
担任布防任务。但是没想到,这两个军团的士气非常低落,结
果被敌人打得溃不成军,四处逃窜。拿破仑非常生气,但是却

不言不语，他背着双手审视着逃兵。

过了很久，他发令："集合，全体士兵马上集合。"士兵们一个个垂头丧气，内心惴惴不安，他们小心地观察拿破仑的一举一动。只见拿破仑在队伍面前踱步，步子越来越急促，皮鞋打在地面上的声音越来越响，士兵们的心里越来越紧张。拿破仑终于开口了，他说："你们不应该动摇信心，你们不应该随便放弃自己的阵地，你们知道吗？我们要流多少血才能把阵地夺回来？"突然，拿破仑命令道："参谋长阁下，在这两个军团的旗下写一句话：他们不再属于法兰西军队了。"顿时，全场一片哗然，士兵们羞愧难当，甚至有人哭着请求道："统帅，给我们一次机会吧！我们要立功赎罪，我们要雪耻啊！"这时拿破仑非常高兴，他振臂高呼："对，这样才是好士兵，这才是勇士，这才是战无不胜的英雄。"此后，拿破仑带领军队疯狂反扑，而那两个军团表现得异常骁勇，多次重创敌军，立下了赫赫战功。

在这个案例中，拿破仑说的话并不多，但是句句都充满说服的力量，很好地激发了士兵们的斗志。这就是说服力展现的影响力。高明的说服可以改变他人的看法，继而改变他人的行动。因此，管理者的说服力强弱直接关系到影响力，而这种影响力与权力并没有多大的关系。

管理心得

在说服下属的时候，语气要充满自信，说服要简明扼要，同时，还应抓住合适的场合，针对不同的对象，用适宜的言语进行说服。在说服时，切不可以势压人，以权压人。

105. 多思考，少说话

有人说，优秀的企业管理者的真正优点不在于制定高超的战略，也不在于如何完美地执行战略目标，而在于一种整合性思维准则——放弃那些"非此即彼"的选择，通过思考、分析寻找一条更好、更有创意的解决方案。因此，管理者应该多思考、少说话，广泛听取下属的意见，用"让我仔细考虑一下"或"容我们研究、商量一下"来结束谈话。这样既不会让下属沾沾自喜，也不会留给下属一个轻率下结论、做决定的印象。

那么，当管理者把更多的时间用来思考时，到底如何把握整个思考的过程？如何寻找一条更好、更有创意的解决方案呢？

第一步：抓住问题的重点。在做决策之前，要思考问题的重点在哪里，这样可以降低思考的复杂性。尽管抓住问题的重点并不容易，但你必须这么去做。尤其是在问题没有头绪的时候，更应该找出关键问题，只有这样才能最终整合出一个解决问题的方案。

第二步：分析因果关系。找出重点问题之后，要做的就是分析众多显著因素彼此间的关联性。在分析因果关系时，思维传统的人往往采取狭隘的观点，采用最简单的办法，找出两事物间直线的因果关系。然而，很多时候，事物之间并不存在直接的因果关系。因此，优秀的管理者懂得用开放性的思维，找出多个事务之间的间接因果关系。

例如，某公司发现 A 生产部门在过去的一个季度中绩效考核不达标，部门领导想当然地认为是员工技能不足造成的，于是对 A 部门的所有员工进行技能培训。但是培训之后，发现该部门的业绩照样不佳。在这里，这个部门的管理者就是想当然地认定因果关系，而不是深度思考，从多方面去思考问题的根源。

第三步：综观决策架构。在弄清了各个显著因素之间的因果关系之后，管理者要做的是纵观决策架构。这看似是一个简单的问题，但是也要考虑很多小因素。比如，你打算今晚去看电影，你要考虑看哪部电影？去哪个影院？几点钟看？自己去还是找同伴去？在架构的时候，要把所有的因素都装在脑子里，然后对不同的解决方案进行优劣对比，做出最佳的选择。

管理心得

对管理者而言，多思考、少说话，是一种优秀的习惯。少说多听，广采博取，才能显得沉稳、智慧、可靠。

106. 说话简洁，才能语惊四座

把话说清楚才能准确地传达工作内容，这是管理者必备的素质之一。有些管理者说话没有重点，说了半天下属也不明白他到底在说什么。这种表达就等于在讲废话，而且话说得太多，显得婆婆妈妈，还容易把原本明确的核心点淡化了，使听者误解说者的意图。因此，身为管理者，说话还是简洁一点好，长话短说是赢得下属的重要说话技巧。

贝托尔特·布莱希特是德国著名的诗人和戏剧家，他非常讨厌那种冗长单调的会议。有一次，他被邀请去参加一个作家的聚会，还要致开幕词。而他公务缠身，原本不想参加，便委婉地拒绝了。没想到主办人一再邀请，最后他无可奈何，只好答应。

聚会那天，布莱希特准时到会，并悄悄地坐在最后一排。主办人见状，把他邀请到主席台上就座。聚会开始了，主办人讲了一通非常长、但是没有实际内容的贺词，讲完之后，他请布莱希特致贺词。

只见布莱希特站了起来，记者们赶紧掏出本子，端好相机，可是让人失望的是，布莱希特只讲了一句话："我宣布，聚会现在开始。"说完之后，他马上落座。几秒钟之后，全场掌声雷动。

为什么说话力求简洁？为什么长话应该短说？因为说话的

重点是让别人明白你的意图。如果一句话能讲明白，你何必费口舌讲三句、五句呢？如果你说一遍听众就能听懂，你何必说三遍、五遍呢？说话啰唆不但浪费自己的时间和精力，还会令听者反感。因此，聪明的管理者应该少说客套话，多说有实际内容的话。

一般说来，在单位内部会议或一些比较正式的场合，比如，商务谈判、报告演讲会等，没有必要客套太多。如果一上来就抓住要点，一针见血，反倒很容易吸引听众，使大家迅速进入谈话的主题，从而避免冗长、空洞的言论。

当然，说话简洁要注意场合和对象。如果与不熟悉的人交往，一上来就直奔主题，势必会让人觉得唐突，效果肯定不好。

管理心得

说话简洁，可以体现出管理者的干练和魄力，尤其是商务谈判、企业内部会议中，简洁的话语才能显得底气十足，充满力量，才能语惊四座。因此，管理者一定要改变喋喋不休、唠唠叨叨、没重点的表达方式，以免招致他人的反感。

107. 可以没有一切，但不能没有卓越的品格

品格是领导者魅力的重中之重，所谓："其身正，不令而行；其身不正，虽令不从。"可见，古人很早就意识到了卓越

的品格所产生的影响力。要想成为一个成功的领导者，可以没有资金、没有人脉、没有机会，但是不能没有卓越的品格。因为当你拥有了卓越的品格，你自然会绽放出夺目的吸引力，你就像一个磁场，把资金、人脉、机会都吸引到身边。

天才般的能力固然受人崇拜，但最能长久地赢得别人尊重的是你的品格。天才般的能力能带来硕果，但优秀的品格才是高尚灵魂的结晶。从长远看，管理者的灵魂主宰着企业的命运、决定了企业的未来。因此，管理者要不断修炼自己的品格。下面就从"修心"、"修身"和"修为"三方面来介绍如何修炼管理者的品格。

（1）修心

修心主要表现为修"三气"，分别是修炼正气、修炼志气、修炼底气。一个有影响力的人，一定是有正气的人，正气表现为做人有操守、做事讲原则。在团队中，管理者的职业操守和原则性就是团队的"魂"，是所有团队成员的道德底线和行为标准。一旦团队有了"魂"，团队中的每个人都可以正直诚实、光明磊落地做好本职工作，最大限度地发挥自己的能力。

志气是指管理者要为团队树立愿景和使命，赋予整个组织核心价值观。"道不同不相为谋"体现的就是一种志气，"燕雀安知鸿鹄之志"体现的也是一种志气，"为人类与社会的进步和发展做出贡献"是企业所表现出的志气。

底气是什么？底气源于强大的自信心，底气有助于打造一支敢打敢拼的团队，传播积极向上的人生观、价值观。对管理者而言，基本功越扎实，底气就越足。如果在专业技能上，管理者是员工的导师，也就是说"有两把刷子"；如果下属谈不下来的合同，管理者能谈下来；如果下属解决不了的问题，管理者能解决，那么，这样的管理者自然能赢得团队成员的信服和敬重。

（2）修身

修身主要表现为修炼影响力、沟通力、推动力。杰克·韦尔奇在通用公司时，曾提出4E管理者理论，其中就包括活力与激情、激励别人的能力这两项。这就是影响力的主要表现之一。在管理中，管理者要克服很多困难，需要与别人进行沟通、协作，这与管理者的沟通能力是分不开的。而推动力主要表现为促进员工执行到位，管理者就是推动者，通过授权、训练、监督来推动员工有效地执行，这是企业成败的关键性问题。

（3）修为

修为主要包括修炼往上走、往前走、往中间走的能力。地产业领军人物王石曾说过："每个人都是一座山，世界上最难攀越的山其实是自己。努力向上，即便前进一小步也有新高度。"管理企业与爬山一样，需要管理者带领团队不断往上走、往前走。

在企业中，有些管理者遇到问题绕道走、碰到矛盾躲着走，看见难题低头走，这同样是"走"，但是这样"走"下去，企业终将被淘汰。只有选择往上走，往前走，企业才能向前发展。往前走是一种担当，是不怕困难，迎难而上的勇气。往中间走是传播管理者的思想，激励团队成员，传递积极的能量。往中间走，不仅能使管理者的影响力越来越强，还能直接影响到有影响力的人。

管理心得

卓越的品格是管理者影响力的最大来源。身为管理者，可以没有一切，但不能没有卓越的品格，这样才能激发出团队成员的积极性、主动性和创造性，使大家感受到目标与事业的推动力，从而把个人的利益与企业的利益紧密结合起来并为之奋斗。

108. 率先垂范，让自己成为组织中的行为标杆

榜样能给人巨大的力量，曾经有人说过："我们不应该一个人前进，而要吸引别人跟我们一起前进。这个试验人人都必

须做。"对管理者而言，通过率先垂范，让自己成为组织中的行为标杆，做到这一点非常重要。因为这样才能让下属坚定地追随在你身后，推动企业走得更远。

海军上将麦克唐纳在服役了 42 年后，通过率先垂范，使自己成为组织中的行为标杆。他在向一群高级将领谈到领导问题时，表达了这样一种看法："设定路线，然后第一个带头走。假若你这样做的话，你得计算你带头的距离——保持领先一步。"

管理者是下属学习的榜样，而不是被观望的对象。面对一些重要任务时，如果管理者能一马当先，引领下属去行动，那么团队执行力将大增。在这个过程中，管理者的形象也会变得异常高大。

诺贝尔和平奖获得者阿尔伯特·施韦泽曾经说过："在工作中榜样并不是什么主要的事情，但那却是唯一的事情。"企业伟大的目标并非靠一位领导者就能独立完成，领导者必须充分调动全体成员的力量，使大家团结一心，共同努力。而调动大家积极性的最好办法，就是用行动代替言语，率先垂范。

管理心得

刻意地塑造示范是必要的，因为这样可以让员工将注意力、精力和努力投注在你所期待的行动上，直到这些行动带来成果。优秀的管理者正是通过奉献热忱及以身作则的实践力来领导群雄的。

109. 做领导最重要的就是公正无私

尽管不同的管理者所接触的工作、工作方式方法不同，但是有一点必须牢记：一定要树立公正无私的形象。众所周知，名声对管理者的重要性，有了好名声才能做到众望所归。因此，管理者若想得到下属的支持和拥戴，必须在下属面前树立一个公正无私的印象。这样才能增强你的影响力，提升你凝聚人心的能力。

首先，在用人方面要做到任人唯贤，而不是任人唯亲。企业要发展，靠的是正确用人，只有给有用之才提供发挥才华的机会，企业才有发展的希望。这就要求你在用人时以能力为标准，而不是以下属与你的亲疏为标准。如果你见谁和你关系好，就把工作机会给他，而不考虑他的能力是否能够胜任，那么可能工作没做好，你还会引起有才能员工的极大的不满。一旦你失信于人，那么，你的领导形象就会大打折扣，你的号召力和影响力都会受到影响。

其次，在奖励方面要做到论功行赏，而不是认亲行赏。优秀的管理者往往在奖励员工方面做得相当完美，他们善于以功劳大小来奖励下属，从而充分调动下属的积极性，形成人人争上游的良好企业风气，给企业带来无限的生机和活力。愚蠢的管理者在奖励员工时，往往做不到公正无私，由此忽视功劳者的感受，结果不但达不到激励下属的预期效果，反而会造成灾难性的后果。比如，优秀的人才做出了相当大的贡献，却没有得到应有的奖赏，工资、奖金没有呈现正比例增长，他们可能一气之下愤然离去。而优秀的人才一旦离去，公司的前途命运就非常危险了。

在处理下属之间的纠纷时，要做到一视同仁、客观公正地对待。比如，两位下属因为工作上的事务发生了纠纷，作为管理者，你应该及时站出来进行调解。在调解中，应本着化解矛盾的目的，在尊重客观事实的基础上引导双方朝着和解的方向努力。当然，对于有着明显过错的一方，应开诚布公地指出错误，绝不姑息和迁就。

另外，在惩罚违反制度的下属时，也应该做到公正无私。有些管理者考虑某个下属与自己私交甚密，就放宽处理，殊不知这样很容易引起其他下属的不满。

管理心得

在企业中，管理者不但充当率军打仗的角色，还充当着分配利益、处理问题的角色。在赏罚、调解纠纷方面，管理者应本着公私分明的态度，公正无私地处理，只有这样才能服众，才能赢得人心。

110. 体谅别人是你应有的品德

在公司中，有些员工由于工作能力较差，执行不力，不时地给领导者添麻烦。对于这样的员工，想必多数管理者会埋怨、批评甚至直接将其辞退，管理者可能会说："只要能把他调走，我磕头都愿意。"然而，杰出的领导者会懂得包容，会先去体谅员工，给他机会，即使他们不给员工机会，也不会"一棒子将员工打死"，而是充分体谅员工的感受，做出有利于企业和员工的决定。

美国通用电气公司曾面临一项棘手的问题：如何处理查尔斯·史坦恩梅兹，此人担任某一部门的主管职务，在电器方面几乎是个天才。在他担任通用电气公司电器部门的总管时，把公司治理得井然有序，使公司的销售额不断上升。之后，他被提拔为公司的计算机部门的主管。

然而，查尔斯·史坦恩梅兹在计算机部门并没有取得公司管理层想要的结果。看着计算机部门糟糕的业绩，通用电气管理层心急如焚，但是他们不知道如何处理史坦恩梅兹，毕竟他曾经为公司做出了巨大的贡献，况且，公司也不能缺少这样的人才。

最后，高层们通过商讨，想到了一个绝妙的办法：成立一个新的电器部门，让查尔斯·史坦恩梅兹担任新部门的顾问总工程师，兼任部门的管理。对于这一调动查尔斯·史坦恩梅兹非常高兴，愉快地接受了调动，并没有觉得这种调动有损自己的面子。

从这个案例中，我们看到通用电气公司的高层们对查尔斯·史坦恩梅兹的体谅之情。他们充分认识到查尔斯·史坦恩梅兹是个人才，但由于他在计算机部门表现不佳，不得不将其调离。但是怎样才能不伤害查尔斯·史坦恩梅兹的自尊呢？最后，通用电气高层们想到了成立新部门的办法。

管理心得

优秀的人才往往有较为强烈的自尊心，作为管理者，如果不考虑员工的自尊心，觉得人才对企业有价值时就重用他，见他干不出成绩时，就不加考虑地将其调离、撤职，那么对人才的自尊心、积极性都会造成巨大的打击。因此，管理者一定要避免这一点。

111. 平静地面对冒犯你的人

在宽容待人时，最难得到宽容的人莫过于冒犯你的人。何为冒犯？一般是指言语或行为上的无礼、冲撞、让人难堪。在管理中，管理者每天都要面对各种各样的人和事，难免会碰到性格直率、脾气火爆、说话唐突甚至在众人面前公然冲撞、冒犯领导的下属。

虽说下属的冒犯并非原则性的问题，而是无关紧要的"小事"，但难免会影响管理者的形象，让位高权重的管理者心里不平。有些管理者被下属冒犯后，往往会伺机报复，给下属"穿小鞋"，而真正优秀的管理者，他们总能平静地面对冒犯自己的下属。

于禁是三国时期曹操手下的大将，他作战勇猛，性格直爽，为人坦荡。公元 197 年，曹操被张绣打败，在撤退的途中，曹操的嫡系青州兵不守军纪，抢劫民财。于禁对这种现象非常气愤，他抓住那些抢掠财物的青州兵，大呼："你们身为曹公麾下官兵，如此伤天害理，上违帅意，下逆民心，岂得夺天下？"然后斩掉了其中三名军官首级。

没想到，这些青州兵自恃是曹操的亲兵，根本不把于禁放在眼里，还到处散布于禁要谋反的言论。于禁毫不理会那些言论，他直接冲到曹操的帐中，曹操见他来了，开门见山地说："刚才有人说，你杀了我青州兵的军官，真有此事？"

于禁坦然陈词："青州兵是您曹公一手训练的精兵，目的在于实现您的宏图大业，军纪严明，英勇善战，而目前一些青州官兵肆意抢劫财物，侮辱民女，如不加制止，必将有损您的形象。"

曹操点了点头，但是什么话也没说。于禁又说："如今天下群雄并起，我们需要一支深得百姓拥戴的军队，才能力挫群豪，一统天下，为此我当众斩杀了三名违纪军官，又何罪之有？"

曹操听完于禁的话，马上转怒为喜，对于禁大加赞赏，还提拔他为侯爵，并处死了那些诬告于禁的军官。事后曹操托谋士转告于禁，遇事要多加思考，不要轻易斩杀，否则，可能会导致自相残杀。于禁听后，一下顿悟过来，从而日后行事更加谨慎，对曹操更加信赖。

曹操不愧为一代枭雄，面对下属对于禁的诬告，如果他轻易降罪于于禁，那么将损失一员虎将；面对于禁的语言上的冲撞，如果他没有胸怀，也不可能听取于禁的意见并提拔于禁。当然，他的宽容是有意义的，使于禁更加信赖他。

一般来说，下属冒犯上司，无论是无理取闹，还是振振有词，多半事出有因。作为管理者，如果不冷静地思考下属冒犯自己的原因，搞清楚事情的来龙去脉，妥善地处理，就容易错怪下属，失去人心。

管理心得

对于下属合理的冒犯，管理者应该引咎自责；对于下属不合理的冒犯，管理者应该以事业为重，从大局出发，不必介怀。要知道，这些"胆大包天"的冒犯者多半是性格耿直、行事光明磊落的人，这是难得的人才，是企业发展的希望所在。

112. 良好的气质本身就是一种领导力量

管理者的气质是权力影响力的一个重要因素，是管理者提升自我形象、巩固自身地位、赢得下属尊重与信赖的一个基本条件。一个管理者的气质不仅取决于其外在形象的修饰，更重要的是内在的精神气质的修炼，主要通过品德、素质、才能等内在的修炼，塑造强大的人格魅力和气质。

如果你想提升自己的气质，使自己的领导力量更加强大，不妨内外兼修，齐头并进。比如，注重外在形象，穿戴得体、举止得当、注重礼仪等；再比如，加强内在修养，保持良好的心态，学会微笑示人，热忱待人，用自己的激情和活力影响下属，用自己的幽默风趣去感染下属。

值得注意的是，与修炼外在的气质相比，修炼内在的气质，是管理者更应该重视的问题。因为一个管理者的精神面貌如何、精神状态如何，直接会影响他的个人魅力。假如一个管理者在与下属交往的时候，表现得神采奕奕，精力充沛，富有自信，那么他的这种积极的精神状态就很容易感染下属，活跃整个交往氛围。相反，如果一个管理者精神萎靡不振，无精打采，冷漠敷衍，必然会令下属感到不快，甚至产生反感。

下面就来介绍几点修炼个人内在气质的建议。

（1）想尽办法赢得下属的爱戴

赢得下属爱戴的方式有很多，比如，体谅下属的工作，宽容下属的过失，关心下属的生活，当员工在工作中遇到困难时，为他们提供帮助，当员工出现过错时，及时站出来帮员工承担责任等等。如果你能做到这些，那么你将很容易赢得下属的爱戴。

（2）做事不要优柔寡断

作为管理者，做事最忌讳的是优柔寡断、犹豫不决、拖泥带水。试想一下，如果一个管理者在决策方面朝令夕改，他怎么能服众呢？所以，管理者必须坚决果断，这是领导魄力的最直接表现，对维护管理者自身气质尤为重要。

（3）每天腾出一点时间思考

尽管管理者大都非常忙碌，但再忙也要留出思考的时间，因为要想成为出色的管理者，就必须进行思想上的构思，去谋划公司的发展计划，制定富有远见的决策。只有当你把公司经营好了，你的气质才会凸现出来。否则，一切都是白费。

管理心得

管理者的气质如何，关系到他的个人影响力和领导能力。而要想提升气质，最好的办法是内外兼修，当然，相对于外在的气质修炼而言，内在的修炼显得更为重要。因为内在的气质，决定了管理者的行事方式和管理才能。

113. 方而不圆，难成大事

人们常说，做人要外圆内方，"外圆"是一种圆滑，是一种高明的处世之道；"内方"是一种原则，是内心严正的一种气魄。身为管理者，懂得外圆才不会轻易得罪人，与人发生矛盾和冲突，引起别人的不快；懂得内方，才不会没有原则地附和别人，失去做人的底线。如管理者只会"方"而不懂得"圆"，那么是难成大事的。

作为管理者，在工作中总会遇到各种问题，随机应变的能力是非常重要的。优秀的管理者一定要学会因时制宜，因地制宜，做到外圆内方，大智若愚，这样才能纵横于企业，驰骋于商场。

清朝红顶商人胡雪岩虽然没读什么书，但是通过经商，却赚得了大钱。他曾经说过："欲无办大事之难题，必先倾全力做到圆世道、圆身心。"他有一个经商"六字方针"，即：圆、情、义、智、勇、仁。其中，圆字当头，他在办事方面，非常圆滑。所以，他才能与官场、竞争对手、顾客打成一片。

作为管理者，如果你想在管理中取得圆满的结局，必须做到外圆内方，方而不圆，难成大事。只有学会圆滑地与人打交道，才能赢得他人的欢迎，继而把事情办好。

管理心得

　　身为管理者，如果只知道方而不懂得圆，那么他就是一个四处棱角、静止不动的"口"，在为人处世中，很容易与人发生冲突。这样不可能把公司管理好。要想成大事，关键是做到大事讲原则，小事讲风格，能屈能伸，圆滑处世。

114. 明大局，识大体

　　职位和高度决定了眼界。身为管理者，在看待问题时，应该从大局出发，着眼全局，这样做出的决策才可能周全，才能从根本上保障公司的利益。要做到"明大局，识大体"，管理者必须有一定的胸怀，有一定的眼界，不能只看到眼前，只纠结于某件事上，这既是一种品格，也是一种风度。

　　明大局、识大体，不仅体现在决策上，还体现在管理者如何看待员工上。比如，一个员工长期以来能力都值得认可，只是因为一次失误，给公司造成损失。如果管理者懂得用全面的眼光看待员工，那么就会体谅员工，给员工弥补过失的机会。

　　美国某公司的一位高级主管，由于在工作中出现了严重失误，给公司造成了几百万的经济损失。为此，他十分紧张，害怕被炒鱿鱼，更害怕被公司告上法庭，要求赔偿经济损失。

事情发生的第二天，这位主管被董事长叫到办公室，进门后，董事长对他说："公司经研究决定，准备把你调到另一个职位上。"

"为什么没有降我职、开除我？"这位主管十分惊讶和不解。

董事长说："如果那样做，岂不是便宜了你？而公司在你身上白花了几百万的学费，公司还要你把那些损失赚回来呢！"

这句话完全出乎这位主管的意料，他顿时感受到了公司的宽容，感受到了董事长的信任，于是下定决心努力工作，绝不辜负公司的一片厚爱，绝不再犯同样的错误。后来，这位高级主管果然为公司做出了巨大的贡献。

人非圣贤，孰能无过？面对下属的失误，管理者若能从全局出发，坦然面对，将员工失误对公司造成的损失视为为员工交的一笔学费，这种大度胸怀无疑是最令员工感动的。员工有了改正的机会，往往明白了错在哪里，也会珍惜机会，努力弥补自己对公司的"伤害"。

管理心得

身为管理者，要具备统揽全局的能力，要识大体，谋大局，抓大事。也就是说要从全局的角度、从长远的角度看问题，这样才不至于一叶障目，不见泰山，才不至于纠结于细枝末节上。

115. 知道自己该做什么，更要知道自己不该做什么

很多企业在刚起步时，为了节约成本，很多事情管理者都亲自去做，一人多能，一人多职。当公司慢慢壮大时，当很多事情不需要他们亲自去做时，他们却改不了事必躬亲的习惯。殊不知，不改掉这种情况，不明确自己该做什么，不该做什么，企业是很难做大的。

有一位企业家管理企业特别有一套，公司的很多大事他从来都不过问，他只过问三件事：财务状况、产品质量、市场反馈。正因为如此，他总是显得特别悠闲，经常去旅游、打球，而他的企业发展得非常好。这不免引起了同行朋友的羡慕。

事实上，这位企业家明确自己该做什么，他没有被纷繁的企业管理事务和市场乱象所迷惑，他只抓自己该抓的几个关键点，这样就能保证企业在正确的轨道上发展。当他有更多的时间时，他才能跳出企业这个局，保持冷静、客观的态度制定决策。

孔子在《论语》中曾说过："在其位，谋其政；不在其位，不谋其政。"指的就是不该自己做的事情，坚决不要去做，因为你有应该做的事情。优秀的管理者都明白这个道理，他们知道自己就像汽车司机，除了去专注地操控方向盘之外，做其他任何事情，做得再好，也是失职。

管理心得

在管理工作中，平凡不意味着平庸，不平凡也不意味着卓越。企业发展不需要大起大落的惊涛骇浪，而是需要有条不紊地发展。作为管理者，必须透过烦琐事物的表象，看清事物的本质，认清自己该做什么，不该做什么。

116. 将底牌紧紧地攥在自己手中

在《道德经》中，有这样一句话："鱼不可脱于渊，国之利器不可以示人。"意思是，鱼不能脱离水，利器不可轻易给人看。可是，有些管理者不懂得这一点，喜欢在别人面前卖弄自己，装腔作势，展露自己的过人之处，殊不知，这样只会显得自己愚昧无知，让自己在管理中变得被动起来。

陈先生的叔叔是某公司的高层管理者，靠着这层关系，他顺利进入了那家公司，而且进入不久，就成了部门主管。当时他的叔叔对陈先生讲："千万不要公开我和你的关系，否则，对我们都不利。"

自从当上公司的部门主管，陈先生在下属们的阿谀奉承下，自我感觉越来越好。每次出门吃饭，下属们都愿意为他埋单。陈先生的虚荣心一下子就涌上来，忍不住向下属"透露"他的后台，一时间惹得大家羡慕不已。

可是好景不长，不久后，陈先生的叔叔被调往另外一个分公司，陈先生一下子遭遇了"冷宫"待遇，大家对他不再热情，而是私下议论他，说他没有真本事，全凭关系进公司、当管理，抱怨公司用人不公平。这些话后来传到公司老板那里，老板经过了解得知情况属实，而且发现陈先生在工作上没有任何成绩，于是非常气愤，不但开除了他，还严肃批评了陈先生的叔叔。

底牌是一个人成就大事的秘密武器，这底牌也许值得你骄傲，也许会让你没面子。既然是底牌，就不要轻易翻开给别人看，否则，别人就会从你的底牌上下手，找你的差错，揭你的老底，让你的处境非常被动。明智的做法是，把底牌紧紧攥在手里，不到万不得已的时候，绝不要露出底牌。

管理心得

不轻易透露底牌，是一种深藏不露的做人艺术，是一个人阅历和性格的体现。身为管理者，必须有一定的城府和深度，而不能轻易被别人看透，更不能轻易被人抓住把柄。因此，凡事要有所保留，要给人留一点神秘感。

117. 做事情一定要按照规矩来

俗话说："没有规矩不成方圆。"如果一个企业没有制度，企业成员做事不讲规矩，在某一段时间也许能"混"下去，甚至在某一阶段、某一件事情上还能"混"得很有效率，但是放眼长远，企业不可能获得持续性的发展。为什么呢？因为人们活动的动机、目的往往不同，如果没有一个规矩来约束，各行其是，那么企业就会逐渐陷入无秩序的混乱中。纵览古今中外，没有一种组织单靠自觉性来维持，任何一个长存的组织、团队、企业，都有做事的规矩，约束人的制度和规定。

北京有一个名叫"金三元"的酒家，它的拿手好菜是"扒猪脸"，虽然这算不上大菜，但是非常有名气。这道菜之所以远近闻名，与金三元的老板沈晓峰的严格按规矩办事是分不开的。为了这道菜，金三元制定了十分严格的规定：猪头必须来自于饲养了 120 天至 150 天、重量为 60 公斤至 75 公斤的白毛瘦型猪；在标准化屠宰之后，要把猪头浸泡 2 小时，酱制 4 小时，加上 30 多种调料，前前后后要经过 12 道工序。

不仅如此，金三元的服务还非常有讲究，从站位、迎宾、入座、点菜等一路下来，一共有 29 道工序、3000 多条标准的管理制度，国际质量协会的总裁参观了金三元之后，也禁不住对他们竖起了大拇指。

企业在创建初期，怎么办事的都有，野台唱戏、游击作风也许能一时得逞，但绝逃不出饥一顿饱一顿、最后消亡的命运。如果你想把企业做大做强，管理者就必须制定规矩，要求大家按规矩办事，决不能散漫、由着性子胡来。总之，管理者要记住"无规矩不成方圆"这句话，按规矩办事的人永远不会吃亏。

管理心得

如果团队没有规矩，各吹各的号、各弹各的调，就无法形成合力，大家就会变成一盘散沙，根本没有战斗力。要想打造团队战斗力、企业竞争力，管理者做事情一定要按照规矩来。

118. 权力越大，越不能随意发号施令

在企业管理中，管理者向员工下达命令、委派任务，这是管理工作必不可少的工作内容之一，也是有效管理的重要手段。作为管理者，如果不能恰当地下达命令，往往容易造成下属在执行命令的过程中出现失误和偏差，导致执行不力、无效甚至负效。亨利·福特在自传中写道："任何对员工下达命令的行为都是很严肃的行为，要认真对待。管理者选择的话语、表述的方式，甚至说话的音调等诸多因素都会影响工作的完成。"

黄先生是一家企业的市场部经理，由于他在公司居功至伟，所以非常受老板的器重。可以说，在公司他是一人之下，众人之上。正因为如此，他总是表现出高高在上的领导姿态，经常躺在那张大椅子上发号施令，把脚翘在办公桌上，手里玩

着一支笔或其他什么东西。

更让大家无法容忍的是，黄先生发号施令的时候，竟然不正眼看下属，这令站在他面前的下属感到非常尴尬。原本发布命令是很严肃的时候，但是黄先生却将发布命令当成儿戏，有时候发布了一条命令之后，见下属急急忙忙出门，他又叫住对方，说："我是开玩笑的，你回来！"

有时候，黄先生发布的命令不具体，要么是模棱两可，要么就是漏洞百出，让下属在执行时非常为难。而当下属执行完任务，向他汇报工作时，他却满不在乎，有时候甚至不记得自己发布了命令。

黄先生自恃功高，在发布命令的时候带有很大的随意性，根本不像一个合格的管理者。加之他的命令不明确、不具体，使员工在执行中无法把握准确。其实，这是不少管理者的通病，是非常错误地下达命令的做法。

作为企业管理者的你，如果也有类似的毛病，不妨参考下面几点意见，加以改正：

一是命令要有可行性，即在正常的工作条件下，下属能够圆满完成；

二是命令要有目的性，即向下属解释一下为什么要这样做，以便员工更好地理解你的意图，听从你的建议去执行；

三是命令要有准确性，即下达命令时，要用词准确，尤其是涉及任务执行期限、执行效果等，一定要明确具体，比如，管理者对下属说"希望你明天下午 5 点钟之前完成任务",就比对下属说"你去办吧,给你两三天时间"更加准确具体。

管理心得

作为管理者,不要把发号施令当成炫耀权力的方式,而要认真对待下达命令这件事,因为命令下达与任务执行有着密切的关系。如果你希望员工执行到位,请保证下达命令准确具体,并在言语和姿态方面表达对员工的尊重与重视。

119. 可以严于律己,不可严于律人

有个成语叫"严于律己",意思是对自己要严格要求,目的是不断提高自己、完善自己。对于管理者而言,严于律己可以为下属树立良好的榜样,做遵守制度的带头人,使大家更好地遵规守纪。然而,很多管理者不严于律己,却严于律人,这样就难以服众了。而优秀的管理者在严格要求自己的同时,还能宽以待人,这样往往深得人心。

联想前总裁柳传志的办公桌上有一句话:"其身正,不令而行!"他用这句话来勉励自己,让自己严格要求自己,为公司员工树立标杆。联想公司从当初的 20 万元起家,到如今资产过百亿,与柳传志的严于律己是分不开的。

在联想,开会迟到了要罚站,柳传志本人迟到了也要罚

站，他曾经被罚过 3 次。其中，有一次是被困在电梯里，导致开会迟到了。后来，他没有为自己做任何辩解，自觉地罚站了。这就是柳传志的作风，他要求别人做的，自己绝对会先做到。他禁止别人做的，自己绝不会做。正因为如此，他才具有强大的影响力，下属在他的影响下，很自觉地遵守公司制度。

事实上，员工们也希望管理者是一个靠得住、信得过的"领头羊"，处处以身作则，这样员工们才会感到有奔头，死心踏地地跟着管理者。著名管理学家帕瑞克曾经说过："除非你能管理'自我'，否则你不能管理任何人或任何东西。"

管理心得

管人先管己，律人先律己，这才是最高明的管理策略，这样才能以德服人，以身正法。如果管理者做到了严于律己，那么你不需要严于律人，就可以很好地管理别人。

120. 有从谏如流的雅量

一个人的智慧是有限的，因此，聪明的管理者往往善于虚心求谏，虚心纳谏，多方面听取下属的意见和建议，这样既能保证决策的周全，又能激发下属积极思考的态度，认真为公司出谋划策，尽心尽力地工作。如果管理者养成了虚心纳谏的习惯，公司形成了集思广益的风气，那么对企业的发展是非常有利的。

美国克莱斯勒汽车公司曾经大力生产耗油量大的大型汽车，结果由于世界石油危机的冲击，他们在1979年的9个月中，亏损了7亿美元，打破了美国有史以来9个月内亏损的最高纪录。

为了扭转公司亏损的状况，公司任命艾柯卡为公司的总裁。艾柯卡上台之后，每次做决策之前，都会经过一番深思熟虑，他会广泛征询、倾听部属们的意见，甚至与下属进行很激烈的商讨，然后再做出最终的决策。

事实证明，多倾听下属的意见是有好处的。艾柯卡做出的转型生产哈尔·斯珀利奇管理公司咨询组设计的K型车，并推出了众多的车型，就是得益于广泛纳谏。凭借此举，克莱斯勒汽车公司重新打开了市场。经过三年的努力，艾柯卡不仅扭转了公司的亏本的颓势，还获得了24亿美元的盈利，用这笔钱，他们提前偿还了12亿美元的政府贷款。克莱斯勒汽车公司的股票，也从1981年的每股3美元，上升到1984年的3000.75美元。

可见，在激烈的市场竞争中，管理者如果在决策时，仅仅依靠个人的经验和判断，往往会做出有失偏颇的决策，只有拥有从善如流的雅量，广泛纳谏，才能做出更为合理的决策，为企业的发展保驾护航。

决策是管理中重要的活动之一，在决策时，管理者要善于采纳建言，并主动征询下属意见。即便下属没有任何异议，管理者也不应认为自己的决策是完美无缺的，而要想一想：是不是大家不愿意发表见解。

121. 不可随意拿下属出气

在职场中，你不难发现：有些管理者在批评下属时所表现出来的态度，好像完全把批评当成一种发泄内心不爽的渠道。而且，就算下属没有犯错时，管理者若心情不好，也会随意向无辜的下属撒气，似乎把下属当成了"出气筒"。

在批评下属的过程中，有些管理者一开始尚能保持冷静的态度，然而，随着各种因素的累积，管理者的情感、情绪会发生微妙的变化，他们或激动地拍桌子、捶板凳，或唾沫横飞、指着下属的鼻子骂，或随手摔东西，砸在下属的面前，俨然一副暴君的形象。殊不知，这是一种最不可取的批评方式。

要知道，批评应该是对事不对人的。如果管理者在批评时拿下属出气，这是典型的感情用事，是"对人不对事"的批评，这样很容易让下属误以为管理者对他们有成见、有不好的看法，势必会引起下属的极大不满，激化上下级之间的矛盾。

在通常情况下，批评是一种敏感的事情。如果管理者期望让犯错误的下属有好的转变，就必须避免把个人的情感掺入到批评中去，要始终保持冷静和克制，仔细斟酌批评的内容。如果管理者忘记了批评的目的——为了让下属有好的转变，或掺入个人感情成分，那么批评就很容易变成发泄的途径。那么，管理者怎样做才能避免把下属当成"出气筒"呢？

美国管理心理学家欧廉·尤里斯教授曾忠告人们：当你感觉自己开始兴奋时，请努力降低自己的声调，继而放慢自己的语速，胸部挺直。为什么要降低声调呢？因为大声说话时，声调会催化人的感情，会使已经冲动起来的情绪更为强烈，以至于造成不应有的后果。

为什么要放慢语速呢？因为语速变快与大声说话造成的恶果是一样的，语速变快会显得激动，也会激发对方的情绪。为什么要挺直胸部呢？因为情绪激动，气氛紧张时，容易身体向前倾，这就会制造出咄咄逼人的姿态，这个时候，把胸部挺直，既可以让自己深呼吸，也可以让自己的身体后移一点，淡化一下紧张的局势。总而言之，降低声音、放慢语速、挺直胸部这是颇有见地的经验之谈，管理者牢记于心，将会有助于下属接受你的批评。

管理心得

下属和你是平等的，不要认为下属的地位比你低、能力比你差，就可以随意向下属发泄，更不能将批评下属视为发泄不满的方式。只有真诚而善意的批评，才能让下属感受到你的关怀与重视，下属才愿意向你期待的方向转变。

122. 贵在成功时仍能保持清醒的头脑

人性有这样一个弱点：在取得越来越多的成功、在做出越来越多明智的决策时，人就会逐渐自我满足，产生骄傲的情绪，然后不知不觉迷失了自我。很多企业家、管理者曾经辉煌过、风光过，可惜的是，就在他们事业如日中天、生活一帆风顺的时候，却没能保持清醒的头脑，不可避免地走入了人生的败局。

巨人集团的创始人史玉柱曾说："人在成功时不能得意忘形。"因为一旦得意忘形，就可能犯糊涂，做出愚蠢的事情。所以，管理者应该把"不以物喜，不以己悲"视为人生的座右铭，不为外物所左右，不为宠辱而失态，在得失面前镇定自若，这样才能修炼从内到外的沉稳气质。

管理心得

要想成为一名合格的管理者，就要学会用理智控制自己的情感，在成功时仍能保持清醒的头脑，绝不沾沾自喜或自以为是。同时，在成功时要有危机意识，在得意时一定要提醒自己谦虚谨慎，把功劳归于大家，这样才能赢得大家的敬重和支持。

123. 抑制住自己一步登天的冲动

俗话说："万丈高楼平地起。"作为管理者，一定要有踏实进取的心态，千万不要幻想一步登天。因为实现远大的目标是一个艰巨的过程，这个过程充满了困难和挫折，你要做的是一步一个脚印地前进，渐进式地向目标靠近。

曾有一位篮球教练在执教中对他的队员们说过这样一番话："无论对手是强是弱，你们要做的都是打好每一个球。不要幻想一下子击败对方，也不要向对方屈服。只要比赛没有结束，你们就不要放弃，打好每一个球，你才有希望获得最后的胜利。"

其实，经营企业也是这个道理，在顺境中不能眼高手低，在逆境中不能轻易放弃，你要做的就是一如既往地脚踏实地，做好每一件该做的事，为将来的成功铺垫基础。因此，管理者要抛弃浮躁之心，这样才能达到"积水成渊，积薄成厚"的管理效果。

第二次世界大战之后，日本多位企业家都想为日本的崛起做一些事情，比如，松下公司的松下幸之助，索尼公司的盛田昭夫，本田公司的本田宗一郎等。他们聘请美国的管理学权威人士——戴明博士来日本演讲，他们问戴明博士："你是世界一流的管理权威，你有一流的资讯，请问我们日本人怎样可以在世界上拥有一席之地？"

戴明博士说："很简单，我只告诉你们一个管理概念：每天进步1%。"说完之后，戴明博士告诉大家："赶紧去干活吧，去踏踏实实地发展企业。"戴明博士给了这几位企业家非常重要的影响，于是我们看到了二战后的松下电器、索尼公司、本田公司有多么成功。

正如戴明博士所言："很简单，每天进步1%。"这是一个简单有效的发展策略，也是管理者必须牢记于心的管理策略。无数企业家的成功，都与他们的踏实经营分不开。因此，无论是在成绩面前，还是在失败面前，都不要幻想一步登天。

管理心得

其实，只要你不想一步登天，成功就不是难于上青天的事情，只要你一步一步地前进，只要你勇敢迈出并坚持走下去，就会一步步向成功靠近。也许最终你没有达到预期的成功，但由于你踏实努力，最终也会无限靠近成功，这样你就不是"失败者"。

124. 不要提及自己给人的恩惠

有些管理者帮过下属、关照过下属，往往习惯于把这种"恩惠"挂在嘴上，在不经意间"提醒"一下下属，仿佛是在告诉下属："你别忘了，我曾经帮过你，你可别忘恩负义，别得寸进尺！"

胡经理是某公司的销售部经理，在与下属的相处中，他对下属颇为关照，但是他却不受下属欢迎。下属们私下提及他时，往往会露出鄙夷的神色。为什么会这样呢？是下属们不知道好歹，还是胡经理某些行为不当？

原来，胡经理有一个毛病，他特别喜欢在下属面前提及给人的恩惠。比如，昨天他和一位下属一起吃工作餐，结账的时候胡经理顺便给下属买单了。第二天中午吃饭的时候，他就会提醒那位下属：昨天可是我给你买单的哦！

下属听他这么说，忙说："哦，是的，我差点忘了，昨天那顿饭的钱我还没给你呢，多少？好像是15元吧，给你！"这时胡经理赶忙推脱："哎，我不是让你还我钱了，我就是说说而已，你不要当真。"下属更加莫名其妙，就问："你到底是什么意思？给你钱你又不要，那你说干吗？"这时胡经理往往会嘿嘿一笑，说："我就那么一说。"

后来有一位与胡经理关系不错的下属问他："你不是为了让别人还钱给你，你为什么又要提及给人的恩惠呢？"胡经理说："我只是想让别人记住，我曾给过他恩惠，要好好跟我干。"那位下属说："你给别人的恩惠，别人记得，不用你提醒，你说出来了，反而让对方面子上过不去，你的好意也会荡然无存……"

正如那位下属说的那样："你给别人的恩惠，别人记得，不用你提醒他。"事实上，你给了别人恩惠和帮助，越当做没发生过一样，越容易显得你有亲和力，别人越愿意与你为伍。如果你说出来，往往让别人感觉欠你一个人情，而且这个人情是记在你的"账本"上的，会让别人觉得低你一等。在这种情况下，他就会想办法偿还你的人情，偿还之后，也就意味着不再和你密切往来。所以，明智的话，不要总是在下属面前提及你给他的恩惠。

管理心得

人心是微妙的东西，有些事说破了就会产生隔阂。因此，管理者千万不要提及自己给别人的恩惠，否则，原本融洽的上下级关系，可能会冷冻起来。不要让别人在你面前有"亏欠感"，别人才愿意与你共事。

125. 好汉不提当年勇

无论是在生活中，还是在职场中，我们经常会听到有人说："想当年我""那时候我""以前我"这些词是他们讲述自己当年荣耀故事的开始，从学习到工作、从工作到恋爱、从恋爱到某项特长等等，真可谓"五花八门"，十足了不起。

身为领导者，在企业中可谓佼佼者，在下属崇拜和敬畏的眼神下，他们往往有一种虚荣感，觉得自己了不起。在与下属谈话中，动不动就会来一句"想当年"。如果说他们不是好汉，那确实有些绝对化了。只不过人生的精彩岁月也就那么一段，不可能一路风光。但问题是，既然风光不再了，为何还要拿当年说事？其实，说到底，就是为了满足一种虚荣心理。

俗话说："好汉不提当年勇。"作为企业管理者，谦虚是重要的品德。在下属面前，言行举止低调一点，往往更容易赢得大家的敬仰。对于过去的成绩，那都已经成为往事，再值得骄傲，也没必要提起。

于先生是某公司的董事长兼总经理，他从国家机关下海后，经过几年打拼，创办了自己的公司。在公司内部，一切管理分明，大家按绩取酬，无论男女，无论年长、年轻者，一视同仁。

按理说于先生是一个有着浮沉经历的人，当年也曾风光过，但是当别人问及他过去的经历时，他总是淡淡地说："过去就那么回事，平平淡淡！"于先生从来不提"当年勇"，他也讨厌其他管理者提及"当年勇"。

其实，喜欢提"当年勇"的人，真的算不上什么好汉。真正的好汉，应该是懂得与时俱进、力求超越过去，用令人羡慕的成绩作注脚的人。要知道，这个世界变化太快了，几天不学习，不钻研，就可能恍如隔世。所以，告别昨天的"勇"，用谦虚的心态面对今天，才是管理者应该做的事情。

无论过去你取得过多么骄人的成绩，作为管理者，你都应该紧跟时代的脚步，立足岗位，不断追求卓越，永创一流，创造性地开展工作，这才是真正的英雄好汉。

126. 不可在下属背后说三道四

古人说："君子坦荡荡，小人长戚戚。"作为管理者，相信你不愿意听到下属在背后对自己评头论足、说三道四吧？那么，同样的，你也不要在下属背后说三道四。如果你觉得下属某些方面有所欠缺和不足，你不妨开诚布公地与他交流，指出他的不足，督促他改进，这种光明磊落的行事作风，远比背后说三道四更能赢得下属的信任和支持。

房经理是某公司的总经理，一天，下属小陈因工作出现差错被他叫到办公室。在办公室里，房经理指出了下属的问题，希望他日后改正。但小陈的认错态度似乎不怎么诚恳，这让房经理感到不愉快。

小陈走出房经理的办公室之后，房经理又叫了另一位下属去谈话，由于那位下属忘记了关门，房经理的话被外面的员工都听到了。只听房经理与那位下属说："小陈那个死东西，工作失误了，认错态度还不诚恳，真叫人生气……"

小陈听到后，恼羞成怒，冲到房经理的办公室吼道："有什么话你直接跟我说，为什么在背后骂我？"当时那种场面有多尴尬，也许只有房经理最清楚。之后虽然房经理多次请小陈吃饭，想方设法向小陈赔礼道歉，但小陈始终对他没有好感。

很多管理者都讨厌"长舌妇"下属，但有些管理者却不知不觉做了"长舌妇"，如此怎样服众呢？管理者的光辉形象应该是光明磊落、坦诚正直，而不是背后说人长道人短的阴暗小人，这样才能用自己的人格魅力吸引大家的支持。

管理心得

在背后说三道四，无论你怀着怎样的心态和动机，一旦传到被议论者的耳朵里，你都将引起别人的反感。也许你只是善意的调侃，也许你是无聊地引申，也许你纯属开个玩笑，但是请不要在下属背后议论他们。

127. 不与下属谈个人隐私问题

每个人都有一些纯属于个人私事的东西，很多人不希望自己的隐私被别人知道，却对别人的隐私充满好奇。在职场中，身为管理者，你应该注意维护自身的形象和威严，不要让下属们知道自己的隐私，尤其是不太光彩的隐私，否则，你就会非常被动。同样，对于下属的隐私，你也不要过于打听，因为如果下属告诉你了，你要承担保密的工作，一旦下属的隐私传出去了，下属很自然地认为你失信于他，从此也会对你失去信任。所以，干脆不知道为妙。下面介绍几点建议，以便管理者更好地对待"隐私问题"。

一是不要好奇，不要向下属打听其隐私。有些管理者想了解下属更多的情况，乃至下属的隐私。在这种情况下，他们会向下属打听，或直截了当地问，或旁敲侧击地引导，下属出于对上司的敬畏，不回答不好，回答出来又显得很为难。其实，这种做法是非常糟糕的，会令下属非常反感，使下属对你产生不好的印象。所以，把工作管好就行了，不要对下属的隐私太好奇。

二是不要与下属谈论自己的隐私。即便你是管理者，你也有自己不为人知的事情，无论你与下属关系多好，请不要随便把自己的隐私透露给下属。因为隐私之所以为隐私，或多或少不那么光彩，还是少说为妙，不说最佳。

三是当下属的隐私涉及公司利益时，要以公司利益为重，但同时也要尊重下属的隐私。作为管理者，有责任和义务保护公司的利益，当下属的隐私涉及公司利益时，管理者必须站出来捍卫公司的利益，但同时也要本着尊重下属隐私的心态处理问题。比如，公司的财务人员由于家庭困难，急于用钱而做假账，私吞公司的欠款。你在处理的时候，只需让下属把钱款退还即可，切不可宣扬下属家中的困难。

对于上司来说，不与下属谈论个人隐私问题，绝不是一个小问题，而是关乎一个管理者的基本素养问题，如果不能把握住这个原则，你就可能会失去威信，失去下属的信赖。

128. 有十分的把握，说七分的话

杯子留有空间，才有容纳新鲜液体的空间；气球留有空间，才不会因充气而爆炸；说话留有空间，才不会因意外事件而下不了台，才有转身的余地。所以，不要把话说得太满，有百分之百的把握，只说七成，既给别人留点悬念，也给自己留点回旋的余地。这样，当事情办成时，别人会惊喜于你的努力，当事情没办成时，别人也不会责怪你。

一天，一名员工向老板提了一个请求，希望公司准许他请一周的假，因为他的家里发生了一些事情，必须回家处理。当时老板不假思索地答应了："没问题，家里有事你就回去处理事情吧！"可是第二天，老板却对那位员工说："下周无法准你一周的假期，因为公司有很多事情要做，不能缺少人手，我只能准你 3 天假。"

员工很恼火，说："什么？我都和家人通电话商量好了，你怎么能出尔反尔呢？"

老板说："你不知道，事情不像你想象得那么简单，我得为公司的利益着想啊！"

员工说："昨天你答应得那么爽快，今天却说有难度，为什么昨天你没想到难度……"

有些管理者面对员工的请求和求助时，往往会拍着胸脯说："没问题，放心吧！"可话说出之后，又改变了主意，这种出尔反尔或不守承诺的行为，很容易惹恼员工，从而失去员工的信任。这就是把话说得太满给自己造成的窘迫。

管理者说话要注意分寸，切忌把话说得太满，因为凡事总有个意外，而这个意外并不是你所能预料的，为了让你在这个意外面前能够从容地转身，你有必要有十分的把握，说七分的话。

管理心得

如果你细心地观察一些成功人士的答记者问，你就会发现，他们非常喜欢使用诸如"或许""可能""考虑考虑""尽量"等不确定性的词语。他们之所以用这些词语，就是为了不把话说得太满，不把话说死，这是一种高明的说话艺术，你也应该掌握。

129. 用口才来展现你的魅力

口才不仅是沟通的重要工具，还是展露才华、表达性情的重要手段。身为管理者，如果你有三寸不烂之舌，那么胜于拥有百万雄师。拥有良好的口才等于拥有强大的魅力，因为口才本身就是一种魅力的体现，它不但可以使你充分地表达出自己的想法、观点，还能有效地传达你的思想，从而影响他人。

凯末尔是土耳其的开国元勋，他为土耳其的独立发动抗战，最终取得了胜利。当时，有两个敌军的败将向凯末尔请降，在去往凯末尔司令部的路上，他们被沿途的民众辱骂。可是，当他们见到凯末尔时，发现凯末尔却没有一点架子，还和他们握手，并谦逊地说："胜败是兵家常事，很多名将运气不好，也容易吃败仗，请二位不要难过。"这种态度和言辞，不仅给两位败将保留了面子，也把凯末尔的形象彰显得更加高大。

不管你是哪个行业或哪个层级的管理者，你都是一个群体或团队的代表。因此，好口才对你十分重要，它是你不可或缺的重要素质。如果你想把队伍带领好、把事情处理好、把企业管理好，就必须用口才来展现你的魅力。

管理心得

作为管理者，说话的水平主要体现于引起共鸣，使下属理解决策，明白你的意图，激发下属的积极性和创造性，从而推动工作顺利展开。

130. 不要信口开河，说话之前要深思熟虑

身为管理者，在谈话中一定要注意自己的身份，在开口说话前，务必深思熟虑，注意措辞的严谨性、合理性，而不要想到哪儿说哪儿，信口开河。否则，管理者的话就难以让大家信服。

西汉初年，刘邦战胜了项羽，平定了天下。在论功行赏时，他想当然地认为萧何的功劳最大，但又没有充分的理由证明自己的观点。当他宣布封萧何为侯、封给萧何的地最多时，群臣们马上表示不服，私下议论纷纷，他们说："平阳侯曹参功劳才是最大的，他屡立战功，身受 70 处伤，而且率兵攻城略地，屡战屡胜。"

一时间刘邦显得有些尴尬，但他还是想把萧何放在首位，就在气氛尴尬之际，关内侯鄂君及时站了出来，帮刘邦说明了萧何的功劳何在，最后使群臣心服口服，这才给刘邦留了面子。

尽管刘邦最后顺利把萧何排在功劳榜的首位，但刘邦在论功之前，没有经过深思熟虑就说萧何功劳最大，这种贸然的言行还是不够明智的。这就启示管理者们，在说话之前一定要深思熟虑，想说服大家就要找到有力的论据，而不要等到众人不服时，才顿时慌了手脚。

不要信口开河，而要深思熟虑，这就意味着管理者不要轻易跟下属下保证。比如，对下属的加薪要求、休假请求等，不要信口开河地答应，而要学会深思熟虑。否则，一旦失信于下属，就会失去下属的忠心支持，这对管理者而言是极为不利的。

管理心得

管理者应对所说的每一句话负责，要做到一言九鼎，才能树立公信力，才能赢得下属的心。如果说话不经大脑，信口开河，又随意反悔，那么只会把下属对你的信任践踏在脚下，最后让你失去管理者应有的威望和影响力。

131. 不知道的事坦率地说"不知道"

很多管理者给人"无所不能""万事通"的印象，他们所了解的、所懂得的确实比下属们多一点，但这并不代表他们真的无所不能、万事皆晓。对于那些自己不知道的事情，如果他们能坦率地说："我不知道！"这比不懂装懂地用虚伪包装自己更能赢得下属们的尊敬。

一位美国加州大学著名的教授在演讲中提出了用老鼠实验所得到的结果，当时一位学生突然举手发问，发表自己的看法，并问教授："如果用小狗做这个实验，是否也能得出相同的结论呢？"

所有的听众都看着这位教授，想看他如何作答。这位教授不慌不忙地说："真的很抱歉，我没有做过这个实验，我不知道是否会得出相同的结果。"当教授说完之后，台下响起了经久不息的掌声。

很多人尤其是那些受人瞩目的领导者，往往不愿意说出"不知道"这三个字，他们认为这会使下属们小看自己，使自己没有面子。事实上，对于自己不懂的东西，坦率地说出"不知道"，并不是什么丢人的事情，正如古人所说："知之为知之，不知为不知，是知也。"坦率地说出"不知道"，不仅不会让人小看，还会赢得别人的尊重，别人会认为你是一个诚实、谦虚的人。

管理心得

心理学家邦雅曼·埃维特曾指出，敢于说"我不知道"的人，往往容易赢得别人的好感，因为承认自己无知所表现出来的是一种坦诚和谦虚。身为管理者的你，对于自己不懂的事情，不妨坦率地说不知道，并虚心地请教下属，这样会使你更有人气。

132. 喜欢拍马屁的人不可重用

不可否认，几乎所有的管理者都喜欢听"漂亮话"，这就是"马屁精"受领导者欢迎的原因。公司有这样的下属没有什么不可，但不能重用他们，因为一旦他们受到重用，往往会因吹牛拍马而误事。原因很简单，他们往往是为了自己的升迁，才会想方设法在领导面前逢迎拍马，在他们看来，吹捧领导就会得到好处，反驳领导只会吃亏。这种人一般没有责任感，没有脚踏实地干事的精神。

在中国历史上，很多国君因为听信谗言、重用拍马屁者而误国误事。春秋时期，伯嚭举家受到迫害，他逃亡到吴国，在孙武的举荐下，他在吴国得到了吴王的宠幸。伯嚭好大喜功，贪财好色，最关键的是擅长阿谀奉承、迎风拍马，把吴王"哄"得非常开心。因此，伯嚭能够屡获升迁，直至宰辅。到后来，伯嚭为了一己私利而不顾国家安危，内残忠臣，外通敌国，最终使吴国失去了称雄的优势条件，使吴国逐渐走向了衰败。

管理者一定要认识到拍马屁者可能带来的危害，因为他们善于察言观色、适时出击、巧舌如簧，能把稻草说成金条。大凡爱拍马屁的人，往往是一些喜欢投机钻营、攀附权势的小人，他们缺乏兢兢业业的工作态度，而是靠阿谀奉承获得名利。他们嘴上说一套，手里做一套，实际上暗藏祸心。这种人根本不值得重用，如果你不想企业被祸害，就离那些爱拍马屁的人远些。

管理心得

企业发展靠的是脚踏实地的经营，而不是靠溜须拍马者整天在领导耳边说漂亮话。作为管理者，你一定要认识到哪种人才是企业最得力的帮手，坚决不要重用爱拍马屁的人。这样才能纯净团队风气，激发实干者的积极性。

133. 不要忽略"小人物"

所谓"小人物"，是指无职无权、地位不高，没有名望的普通人。很多领导看不起小人物，认为他们要能力没能力、要地位没地位、要名望没名望，因此，根本不把他们放在眼里，对他们表现得很轻慢。殊不知，要想成就大业，就离不开小人物的支持。

唐朝宰相魏征把君民关系比喻为船和水的关系，"水能载舟，亦能覆舟"。可见，小人物也蕴含着大能量。事实上，小人物也有自己的特长和才能，小人物不甘于永远当小角色。如果你在小人物低迷时扶他一把，也许日后小人物也能带给你意想不到的收获。

在官渡之战前期，曹操与袁绍处于对峙状态，当时曹操处于劣势。一天，曹操听说袁绍的谋士许攸来访，兴奋得来不及穿衣、穿鞋，跑出来迎接许攸，对许攸十分敬重。许攸被曹操的诚意打动，立即为曹操出谋划策。在许攸的帮助下，曹操在官渡之战中大胜袁绍。

曹操之所以对许攸如此礼遇，很大的原因在于许攸是个"人物"。如果许攸是一个小人物，曹操会怎样对待他呢？这一点我们无从猜测。不过，我们可以从曹操如何对待小人物张松来推断曹操对待小人物的态度。

当年张松面见曹操，给他一张西川的地图，曹操却态度傲慢，张松觉得曹操轻贤慢士，对曹操产生了不好的印象，于是改变主意，把这张地图献给了刘备。这件事对曹操来说，不能不说是事业上的一大损失。试想一下，如果曹操对待张松像对待许攸那样，也许西蜀的地盘就是曹操的。

所以，作为管理者，一定要记住：不要带着成见看待小人物，因为小人物也有大用处。也许有一天，你心目中的小人物，会在某个关键时刻给你提供大帮助，并彻底改变你的命运和前程。

管理心得

对待小人物，应该以礼相待。不要轻易得罪他们，而应该与他们交朋友，毕竟多一个朋友多一条路。要记住，你在小人物身上花费的精力、时间、关心和尊重，也许在未来的某一天，能带给你无法想象的回报。

134. 只有先"摆平"自己，才能"摆平"他人

每个管理者或许都有一种期望："摆平"每一个不服从管理的员工，让大家对自己心服口服。这样才能显示出管理者应

有的风范。然而，"摆平"别人谈何容易？因为很多时候，管理者最大的敌人是自己，而不是别人，如果连自己都摆不平，又如何"摆平"别人呢？之所以这么说，是因为"摆平"别人，靠的不是武力和权力，靠的是美好的德行、高尚的人格、良好的心理素质。

也许管理企业是一种无奈的事业，许多事情不像你想象的那样称心如意，许多员工也不像你想象的那样顺眼，你很想摆平他们，但问题是，你必须先摆平自己。何谓摆平自己呢？其实就是和自己做朋友，而不是与自己为敌，和自己过不去。怀着一颗善意的心，对待自己，对待别人，这样你自然容易赢得别人的尊敬和欢迎，这不就是摆平了别人吗？

管理心得

在管理中，摆不平的事、摆不平的人比比皆是，面对一些不顺心的人和事时，你应该保持冷静的头脑，而没必要自寻烦恼。要记住一句流行语："摆平就是水平，搞定就是稳定，妥协就是和谐。"你若能与人和谐相处，那么一切也就顺心顺眼了。

135. 有权力但不能玩权术

在企业管理中，"权术"是普遍存在的，很多管理者痴迷于玩弄权术，以为这样可以提升自己的威信，强化自己的管理能力。然而，玩弄权术会带来颇多的问题，不但达不到应有的管理效果，还容易导致管理偏离预计的轨道。

蔡先生是某公司的老板，他有一个管人的习惯，每当公司来了一个新人，他就会给他布置一个任务，只是为了驯服对方。比如，销售岗位上来了一名新员工，暂且称呼为小李。蔡总会对他说："一周之内，制定一个改变现有市场占有率下降、销售疲软的可行性方案。"

小李年轻充满闯劲，事业心很强，接到任务后马上紧锣密鼓地进行市场调研、访谈、分析，寻找市场衰退的原因，制定了一个完整的市场运作报告，按时上交了方案。可是两个星期过去了，小李也没有听到蔡先生的反馈。

一个月以后，蔡总又安排小李开始另一个市场开发项目，小李忍不住提起那个市场运作报告，蔡先生却说："那个方案不用了，你再做另一个方案。"说完这句，蔡先生还不忘提醒小李："记住了，以后叫你做什么，你就做什么，不要问东问西。"小李虽然心有不甘，但是又毫无办法，这也让小李感受到蔡先生的"威严"十足。

像蔡先生这样，为了"驯服"下属，故意布置一个不是任务的任务，让下属忙活几天，费尽心思完成，最后却把下属晾一边。这是不人性的权术手段，虽然表面上能控制下属，让下属听话，但绝对带不出忠诚的员工。

事实上，真正的管理智慧并不是玩弄权术，而是让员工对企业产生归属感和荣誉感。作为管理者，不应该狭隘地以个人感受、得失来评判下属，而要从企业利益的角度出发，本着对员工负责，关爱员工的心态，用自己的人格魅力去征服下属，使其对其工作负责，对企业负责。这样的管理才有领导力，才有影响力。

管理心得

俗话说："哪里有压迫，哪里就有反抗。"管理者玩弄权术，带给员工的是压迫感，最终会激起员工的反抗。如果改变管理方式，用人性化管理，用人格魅力来影响员工，所产生的管理效果将是截然不同的。

136. 自我揭短，一个有影响力的人该做的事

虽说人贵有自知之明，要明白自己的优势和不足，但仅仅如此还是不够的，还要学会自我揭短，并不断补上"短板"，不断提升自我能力。这样才容易赢得别人的敬重。对一个有影响力的管理者来说，自我揭短是应该具备的素养之一。面对员工时的自我揭短，可以拉近管理者与员工的距离；面对客户时对自己的产品进行揭短，可以更好地赢得客户的信任。自我揭短看似"家丑外扬"，像是一种愚蠢的行为，但实际上却是高明的自我营销策略。

亨利·霍金士是美国亨利食品公司的总经理，有一天，他突然从化验报告单上发现他们生产的食品配方中，为了起到保鲜作用而添加的一种添加剂。虽然这种添加剂的毒性不大，但如果长期服用，对身体存在危害。倘若把这种添加剂清除，又会影响产品的鲜度。如果公布于众，则会引起同行的强烈反对，还会损害自己产品的信誉。但是经过再三思考，他毅然做出了自我揭短的决定，把这种添加剂的危害性公之于众。

　　这种添加剂一经公布，同行企业的老板们纷纷集合起来，用一切手段指责亨利·霍金士，说亨利·霍金士是在打击别人，抬高自己。为此，他们联合起来共同抵制亨利公司的产品，导致亨利公司濒临倒闭。

　　在这场长达4年的斗争中，亨利公司虽然受到了同行们的排挤，但是却受到了广大消费者和政府的支持，亨利公司的产品也成了大家争相购买的放心货。原因很简单，因为亨利公司是一个坦诚的公司，敢于把自己的短处公诸于众。

　　此后，亨利公司很快就恢复了元气，公司规模扩大了两倍，一举登上了美国食品加工业的第一把交椅！

　　在市场竞争中，几乎每家公司都在"王婆卖瓜，自卖自夸"，夸大自己产品的优点，隐瞒自己产品的缺点。生怕自己产品的缺点一旦暴露，就会被顾客抛弃，殊不知，越是懂得自我揭短的商家，越容易赢得顾客的信赖。

　　事实上，公司的管理者和公司产品一样，都不是完美无缺的。与其绝口不提自己的缺点，谁提找谁麻烦，不如坦诚一点，主动自我揭短，这样更容易展现自己的亲和力，更容易赢得员工的信赖。而一个被员工信赖的管理者，自然是一个有影响力的管理者。

管理心得

任何一个管理者、任何一家企业的产品，都不可能是尽善尽美的，都或多或少地存在着某些"短处"，对于这些短处，与其捂起来、藏起来，不如坦率地自我揭短，这样反而更能表现自己的坦诚，更容易赢得人心。当然，自我揭短之后，关键要想办法弥补"短板"，这样才能不断进步。

137. "事必躬亲"不是美德

经常听到有些管理者抱怨工作辛苦，永远有做不完的事。经过了解才发现，原来他们之所以忙碌，是因为他们喜欢事必躬亲，原本有些工作交代给员工去做就可以了，他们却要自己去做。结果自己忙得一塌糊涂，员工却悠哉悠哉的。

为什么有些管理者喜欢事必躬亲呢？原因是他们不信任下属，觉得只有自己做才放心。又或者是因为他们想帮下属，然而，下属并不会感激，因为不该管理者做的事情，管理者却越俎代庖去做，这叫多管闲事。所以，事必躬亲的管理者总是抱怨自己太辛苦，说得难听一点，那叫吃饱了撑的，活该找罪受。

真正优秀的管理者，绝不会事必躬亲，他们更愿意行使工作分配权，把合适的工作交给相应的员工，让大家各司其职，负责好自己的工作。而管理者自己，在布置工作之后，只需负责审查、验收工作。这样一来，他们轻轻松松把公司管理好了，员工各自干自己喜欢的事情，大家都非常快乐。

那么，管理者怎样才能改掉事必躬亲的坏习惯呢？

（1）学会相信你的下属

换位思考一下，如果你的上司什么事情都自己干，只让你做一些没有技术含量、无法体现你价值的工作，你高兴吗？上司不信任你，意味着否定你的价值。同样，当你不信任下属、事必躬亲时，下属感受到的也是否定和打击，这样下属会变得越来越消极。因此，学会信任你的下属，是你首先应该做到的。也许你交给下属的工作，下属不一定完全能做好，与你想要的还有差距，但是试着多给他一点信任、鼓励和帮助，下属就会变得越来越合你的心意。

（2）学会适当地授权

要想改变事必躬亲的管理方式，必须学会适当地授权。如果不舍得授权，下属怎么开展工作呢？可能有些管理者认为，授权给下属，意味着自己失去了权力。其实，这种认识是错误的，因为授权不等于放权，更不等于撒手不管，放纵下属。授权只是为了让下属更好地发挥自己的才能，以把工作做好，工作完成之后，把权力收回。有授权，有收权，收放自如，完全不影响管理者的权威。

（3）用心培养你的下属

有些管理者之所以事必躬亲，就是因为不相信下属的能力。其实，与其什么都代下属做，不如教会下属如何去做。正所谓："授人以鱼，不如授人以渔。"因此，明智的管理者应该用心培养下属，让下属学会"捕鱼"的方法，这样下属才会成长起来。

管理心得

管理是一门艺术，要求管理者最大化地发挥人才的能力，把工作做到极致。因此，管理者要通过授权来调动人才的积极性，发挥人才的优势，而不是事必躬亲，这样才能轻松地管理公司，把工作做到最好。

138. 放弃表演，做真实的自己

在一本杂志上，曾看到过这样一个故事：

有个人经常去美国印第安纳州的一家医院，他注意到，医院有一个男实习生和一个女实习生，两人的工作态度截然不同。男实习生每天按时上下班，只做与自己工作有关的事情，至于那些不在自己职责范围内的事情，他基本不去做。比如，有病人来求助，他会笑着说："请你去找护士，这不是医生的职责。"

而另一位女实习生则非常热情，她除了做本职的工作以外，还会帮小患者量体重，喂小患者吃饭，帮患者制定食谱，推送病人去拍 X 光片等等，每天她都忙到很晚下班。

学期末，医院评选出 5 名最佳实习医生，那位男实习生入选了，而那位女实习生却落选了。女实习生不满，找医院理论，医院方给出的回应是：你落选的原因是因为你负责过了头，因为医生的职责就是为病人看病，其他的事情有人去做。如果你什么事情都做，必然会手忙脚乱，疲惫不堪。这样一来，你怎么能把本职工作做好呢？

对于一个工作中的"多面手"，我们往往会给予他很高的评价，然而我们却忽视了，一个人的精力是有限的。如果什么都想去做，结果往往什么也做不好。真正明智的选择是，放弃做"全能者"，努力发挥自己的优势，做一个真实的自己，做一个优秀的自己。

工作就是工作，不是表演，不是为了赢得下属一声"头儿，你真厉害，什么都会"类似的赞美而充当全能，而要努力发挥自己的优势，实现自己的真正价值。这才是一名管理者所应该做的。

以微软公司的创始人比尔·盖茨为例，他是计算机领域的卓越天才，但是当他经营企业的时候，他便把全部精力投入到公司的运营和管理上，彻底放下技术方面的工作。当他决心搞技术研发的时候，他又彻底离开了管理岗位，另派他人担任公司总经理。事实证明，他这样做是明智的，因为这样让他做什么都能全心、全力，并取得了很好的结果。

管理心得

身为管理者，不可能其他的技能一点都不会，但是必须做好自己的本职工作——做一名合格的管理者，这才是你应该做的。只有当你成为一名出色的管理者时，你才能证明你自己的价值，你才是最棒的自己。

139. 私心不可有，野心不可无

身为管理者，要有一颗公正之心，正确地把握公与私的界限。俗话说："不做亏心事，不怕鬼敲门。"如果你在管理中做到公正无私，对下属一视同仁，那么，你就容易赢得下属的敬重。

私心不可有，但野心不可无。因为任何一支伟大的团队，都不是一个人在战斗，作为管理者，必须想办法用自己的野心激发出全体成员的斗志，使大家追随你去创造丰功伟绩。拿破仑曾经说过："一头狮子带领的一群羊肯定能够打败一只羊带领的一群狮子。"如果你是一只狮子，即便你带领的是一群羊，也能取得骄人的战绩。

安德鲁·卡耐基是美国著名的"钢铁大王"，但是他本人对钢铁制造和生产工艺流程却知之甚少，他为什么能成就一番伟业呢？原来，他在用人方面没有私心，但他又是一个充满野心的人，他善于将手下的精兵强将放在适合他们的岗位上，充分激发他们的斗志，使他们在工作中充分发挥才能。正因为如此，他才获得了事业上的成功。

反观美国"汽车大王"亨利·福特家族，他们在事业的顶峰刚愎自用、嫉贤妒能，不允许下属"威高震主"，甚至将那些为公司发展立下汗马功劳的部属辞退，从而导致福特公司陷入衰退。最终，福特三世只好将掌管了35年的经营大权让给福特家族以外的菲利普·卡德维尔，让他组建管理层来领导公司，这才让福特公司衰退的脚步停止下来。

拿破仑有句名言：不想当将军的士兵不是好士兵。若非拥有这般雄心壮志，拿破仑也不可能从一个小小的炮兵，成长为法兰西历史上最伟大的军事统帅。同样，不想创造丰功伟业的管理者不是好管理者。作为管理者，要有雄心壮志，但不能有狭隘和私心，这样你才有可能带领一群信任你的员工，开创属于你的事业。

管理心得

野心，可以把一个普通的管理者推到优秀的管理者的行列；私心，可以把一个优秀的管理者推到愚昧、劣等的管理者的行列。作为一个企业的领头人，如果你想让事业越做越大，就必须保持野心，摒弃私心，有了这个欲望引擎，才有可能成功。

140. 斤斤计较，难成大事

很多老板对员工斤斤计较，比如，不舍得创造良好的工作环境，不舍得给员工较高的工资待遇，对员工要求太苛刻，毫无理由地要求加班，却不给加班费等等。对于这些，员工看在眼里，恼怒在心里，他们怎么可能死心塌地地跟着老板干，尽职尽责地对待工作，为公司创造利润呢？

有一位老板的公司经营不善，员工工作效率很低，公司效益很差。于是，他找到一位管理大师，并向他诉苦。管理大师来到他的公司走了一圈，心中便有底了。

管理大师问这位老板："你去菜市场买过菜吗？你是否注意到，卖菜的人总习惯于缺斤少两，而买菜的人也习惯于讨价还价？"

老板说："是的，确实是这么回事，可是这与我经营公司有什么关系呢？"

管理大师淡淡一笑，提醒道："你在经营企业的时候，是否也习惯于用买菜的方式来购买员工的生产力呢？"

老板有些吃惊，他瞪大眼睛看着管理大师，想听他接下去怎么说。

管理大师说："你一方面在员工的工资单上大动脑筋，千方百计地想少给他们工资，另一方面，员工在工作态度上、工作效率上、工作质量上想方设法跟你"缺斤少两"，这就是说，员工虽然跟着你干，却没有努力干。你虽然花钱聘用他们，却没有足够的诚意，你们都在打着自己的小算盘。当然，最大的错在于你，你对员工斤斤计较了，怎么奢望员工对你无私奉献呢？这才是你公司员工工作效率低，企业效益差的根源。"

这个案例所反映的问题很多企业都存在。每个企业的管理者都希望员工努力干活，却不想一想自己给了员工怎样的待遇，为员工创造了怎样的工作环境？在这种利益不对等的情况下，员工怎么可能拼命为企业创造价值呢？

所以，身为企业管理者，千万不要斤斤计较地对待员工，苛责、压榨员工最终害的是企业，因为员工赚不到钱，员工感觉不值得为企业卖命，他们随时都可能离开，而企业要为此疲于招聘人才，这个成本管理者考虑过吗？

管理心得

要想让牛干活，就要先把牛喂饱，如果你舍不得多给牛一点水和草，那么牛怎么可能卖力地耕田呢？企业用人也是这个道理，管理者可以在其他方面精打细算，但绝不能在员工待遇上、工作环境上斤斤计较，否则很难成大事。

141. 人在愤怒时，很难做出理性的判断

有这样一个故事：

有个中年男人，他的妻子生小孩时难产死了。孩子降生之后，他既要工作，又要照顾孩子，幸亏家里有一只很听话的狗。所以，他把照看孩子的任务交给了忠诚的狗。

一天，男人回家推开门，发现小孩不见了，只看见狗满嘴是血。顿时，他认为狗吃了他的孩子，于是愤怒的火灼烧着他，他抄起一把铁锹，把狗当场打死了。就在这个时候，男人听到床底下发出了孩子的哭声。

男人趴下一看，发现孩子在床底，床底还有一只满身是血的狼。当他把孩子抱出来时，发现孩子安然无恙。这时男人明白了，原来狗是在与狼的殊死搏斗中沾满了狼的血。男人非常后悔，可是一切都无法挽回。

这个故事告诉我们：不要在愤怒的时候做决定。因为当一

个人内心充满了愤怒时，他就很容易忽视最基本的判断与核实的步骤，继而做出想当然的决定。其实，这是人的通病。心理学家研究发现，人在愤怒的时候，智商是最低的。人在愤怒的关头，往往会做出非常愚蠢的决定。

所以，忠告管理者们一句话：不要在愤怒的时候做任何决定。世上没有后悔药，因为愤怒做出错误的决定，等到事实真相大白时，才知道后悔已经晚了。从这个意义上讲，管理者在愤怒时是否能克制情绪，让自己冷静下来，将从根本上影响企业的发展。

管理心得

在决策时应该"基于事实"，而不能带着愤怒、由着性子，冲动地做决定。因为管理者要对企业负责，对团队负责，千万不要因为自己的愤怒做出错误的决策，而把企业带入困境和歧途。

142. 做决定时不要被个人的情感所左右

人是有血有肉、有情感的动物，在为人处事中，难免会受到个人情感的左右。最常见的表现是，我们愿意和那些与我们关系好的人交往。但是，身为企业管理者，在做出事关企业命运的决策时，如果被个人的情感所左右，那么很可能做出

"灭亡"企业的决定。

和田一夫和弟弟将一家乡下蔬菜店经营成在全球拥有 400 多家分店，企业员工总数近 3 万人，鼎盛期年销售总额突破 5000 亿日元的国际流通集团。公司旗下的股票在日本、新加坡、马来西亚等地上市。

随着企业发展势头越来越好，和田一夫和弟弟在决策和处理问题的思路、方法上产生了很多分歧。1995 年，和田一夫想把弟弟逐出公司，但是考虑到弟弟在公司发展中付出了很多，于是他感到很矛盾。在面临"正确地管理企业未来"与"对弟弟的情感"两难问题时，和田一夫最终选择了退出，这样做只是为了不伤害兄弟感情。

然而，和田一夫退出之后，他的弟弟并未把公司经营好。弟弟怕和田一夫得知公司经营真相后不高兴，于是经常给和田一夫一些作假的报表，让和田一夫误以为公司经营得很好。到 1997 年，公司一夜之间倒闭了，和田一夫才如梦初醒。

后来，和田一夫深刻地进行了自我反省，他认为如果他能像《三国演义》中的诸葛亮斩马谡一样，也许公司不会有倒闭的命运。

和田一夫是一位优秀的企业家，但是他在进行决策时，也会被个人的感情所左右，最后葬送了拥有 45 年历史的公司的前程。由此可见，在决策时，控制好个人的情感，擦亮眼睛，依据客观事实做决策是多么重要。

在做决定时，不要被个人的情感所左右，这并不是说不考虑个人的情感，而是说当个人的情感与公司的利益有冲突时，要慎重地进行权衡。两利相权取其重，两害相权取其轻，按照这个原则去做决定，才能把损失控制在最低限度。

143. 算得太精明了，反而赚不到钱

做生意、办企业、搞管理都需要精明，精明不是玩手段、耍心机，也绝不是斤斤计较，把一分一厘算得清清楚楚，而是着眼于长远的一种大智慧。比如，在合作中，如果你太过精明，不肯吃一点亏，那么合作一次之后，对方可能与你分道扬镳。而如果你懂得吃亏，适当地让利，这样才能赢得对方的信赖，他才愿意继续与你合作。

有个温州年轻人去深圳推销一种高级上光清洁剂。当时，同类名牌产品在市面上已经非常流行了，市场被瓜分得差不多了，但这个年轻人还是决定去深圳打开市场。

一天，年轻人来到一家名气很大的星级宾馆，对老板说："我可以免费为你整个宾馆做一次保洁。"老板有些不敢相信，他愣了半天，听完年轻人介绍完产品后，才决定把准备接待大型会议的 80 个房间和一个会议室交给年轻人保洁，并规定 2

天内必须完成。结果，年轻人用了一天半时间就把80个房间和一间会议室刷得焕然一新，而且还使之散发出淡淡的清香，为此他用掉了30盒上光清洁剂。

会议结束之后，宾馆的留言簿上多了很多客人的感言，上面写着大家对环境的评价，很多客人都说宾馆的环境清洁卫生，非常舒适。

会后第三天，宾馆老板找到这个年轻人，对他说："你帮我赢得了下一项业务，更为我们宾馆树立了良好的形象，这1000元是你应得的报酬。你有多少货？我全要了。"

事实上，30瓶清洁剂远远不止1000元，但是年轻人很清楚，这个时候没必要算得太精明。他高兴地接受了宾馆老板的报酬，并在对方的推荐下，获得了好几笔很大的单子。几年后，年轻人成了一个百万富翁。

你想赚到钱吗？那就不要表现得太精明，尤其是在生意场上，千万不要和合作对手、客户斤斤计较。因为算得太精明，表面上你没有吃亏，但你却很容易失去赚钱的机会，最后你吃的却是大亏。一个真正赚大钱的人，往往有长远的眼光，有宽大的胸怀，懂得为长远的利益舍弃眼前的利益，这就是那些大商人的智慧。

管理心得

赚钱难，长期赚钱更难，要想长期赚钱，就要学会糊涂的智慧，而不是处处精明。无论是在给员工的待遇上，还是与合作伙伴的利润分成上，抑或是与顾客之间，都不要算得太精明，适当地让利，让别人尝到甜头，别人才让你获得赚钱的机会。

144. 无论什么时候都不要显得比别人聪明

在企业中，有些管理者自恃有些权力，职位比很多人高，便习惯于处处显示自己的聪明，卖弄自己的雕虫小技。他们把别人看成一无是处，言行举止中对他人充满了不屑一顾，一个蔑视的眼神、一个不满的腔调、一个不耐烦的手势……无疑都在告诉别人：你真差劲，我比你强多了。也许他们真的有些本事，有些聪明，但这种"聪明"不仅不会赢得别人的佩服，相反，还会引起别人的厌烦，让周围的人更加疏远他们。

有个年轻的高材生进入某公司后，受到了老板的器重，被任命为部门的主管。年轻人发现公司里大多数为中年人，虽然他们办事经验比他多，但是头脑没他灵活，对新事物不如他了解。他很高兴，认为自己大展拳脚的机会到了。于是，经常在单位里卖弄聪明。

"哎呀，这么简单的电脑知识都不懂？真的让我无语，我来教你……"

"这个地方应该这样啊，怎么能那样呢……"

"这事你得听我的，我可是这方面的专家。"

一开始，大家还挺喜欢这个年轻的主管，有了问题也愿意问他。但渐渐地，他的自以为是让大家厌烦，于是每个人都疏远他。在办公室里，他经常一个人指手画脚、唾沫横飞，但大家根本不理睬他。年轻人很苦恼，他不知道自己错在哪里，为什么大家不理睬他。

为什么年轻人不受欢迎呢？因为他总是显得自己比别人聪明，让别人的自尊心和面子挂不住，因此，大家不愿意与他接触。也许他真的聪明，但聪明是相对的，他只不过对某些方面比别人多一些了解，没有必要处处卖弄自己。作为管理者，应该低调一点，作为年轻人，他更应该谦虚一点，这才是做人的学问。

管理心得

法国一位哲学家曾经说过："如果你想树立一个敌人，那很好办，你拼命超越他、挤压他就行了。但是，如果你想赢得些朋友，有个好人缘，那就必须得做出点小小的牺牲——那就是让朋友超越你，走在你的前面。"因此，管理者要学会低调和谦虚，让员工找到自信，这样他们才会喜欢你。

145. 永远不要和他人争执不休

美国著名的人际关系学家戴尔·卡耐基曾忠告人们："天下只有一种方法能得到辩论的最大胜利，那就是像避开毒蛇和地震一样，尽量去避免辩论。"在卡耐基看来，与人争执不休是愚蠢的，争赢了势必会让对方没面子，别人不会喜欢你；争输了，自己又不痛快。因此，最明智的做法是永远不要和他人争执不休。

哈里曾当过汽车司机，后来改行推销载重汽车，但是并不怎么成功。于是，他向卡耐基求助，卡耐基稍微问了几句，就发现了问题——他太喜欢与顾客争辩。每当顾客对他推销的汽车有所挑剔时，他就会怒火难耐，和对方大声争辩，直到把对方驳得哑口无言。他确实赢过很多次争辩，但是他什么也没推销出去。

卡耐基交给哈里的第一个技巧就是，学会克制自己争辩的欲望。当别人表达不同的意见时，应该保持认真倾听的姿态。经过卡耐基的指教，哈里改变了自己的交际、推销方式，他的人际关系改善了很多，他后来终于成为了公司的一位明星推销员。

本杰明·富兰克林经常告诉身边的人："如果你争强好胜，喜欢与人争执，以反驳他人为乐趣，或许能赢得一时的胜利，但这种胜利毫无意义和价值，因为你永远得不到对方的好感。"所以，身为管理者，你要思考一个问题：你是想要一个毫无意义的、表面上的胜利，还是希望赢得下属、顾客的好感？要知道，这两者你是不可能兼得的。

玛度曾在威尔逊总统任职期间担任国家财政部长，他以多年的从政经验告诉人们一个教训："我们绝不可能用争论使一个无知的人心服口服。"是的，管理者千万别想用争辩改变任何人的意见，即使对方不是无知的人。

管理心得

　　林肯曾把与人争辩比喻为与狗争道，他说："与其和狗争道，不妨让狗先走。因为如果你被狗咬伤了，你将得不偿失。"身为管理者，应该牢记这句话，永远不要和他人做无谓的争辩。

146. 学会与狂妄自大的下属相处

　　有些员工在某些方面、某个领域才能出众，表现得目空一切、恃才傲物，甚至都不把你这个管理者放在眼里。对于这种情况，想必你会感到无法接受，但由于他们有一手绝活，公司发展缺不了他们，因此，你只能对他们忍气吞声，不敢轻易得罪他们。事实上，一味地忍耐狂妄自大的下属是不行的，你必须想办法与这种下属愉快相处，方能更好地赢得他们的好感，得到他们的支持。

　　一般来说，大凡恃才傲物的员工都有这样的特点：把自己看得太了不起，觉得别人都不如他，有一种"舍我其谁"的感觉；说话不谦虚，做事不低调，对别人的建议不屑一顾；好高骛远、眼高手低，即使自己做不来的事情，也要好为人师地指导一番。

与这种下属相处，必须掌握他们的心理，采取有针对性的策略，才能让他们对你俯首称臣，心甘情愿地听从你的调遣和安排。

（1）用其所长，而不要压制、打击或排挤

狂妄自大的人大都有一技之长，否则，他们的狂妄就是一种赤裸裸的愚蠢。因此，当你看到他狂妄的一面时，请记得提醒自己：他也有优点，对于他的优点，你应该加以利用，切忌打压和排挤，甚至可以屈尊一下也没关系，就像刘备三顾茅庐那样，对他们多一点尊敬和礼遇，更容易赢得他们的真心回报。

（2）有意用其短，目的是挫一挫他的傲气

狂妄自大的人也有不足和缺陷，因此，偶尔可以用其短，挫一挫他的傲气，使他意识到自己的缺点和不足，让他自我反省，以减少傲气。比如，安排一件他并不擅长的工作，让他碰碰壁，事后安慰道："失败了没关系，没有人是万能的，虚心学习一下，把不足之处弥补起来就好。"

（3）替他承担责任，以宽大的胸怀包容他

狂妄自大的人总认为自己了不起，做事时经常漫不经心，甚至抱着敷衍的心态对待工作，有时候会把事情办砸。这个时候管理者最好不要对他冷嘲热讽，而应该及时站出来替他承担责任，帮他分析错误。这样一来，他以后就不好意思在你面前傲慢无礼了。

管理心得

有优势、有特长才有狂妄自大的资本，对于狂妄自大的下属，管理者应该多一点包容和理解，给他们发挥优势的机会。同时，掌握策略，有针对性地挫其锐气、避其锋芒，促其反省，适时提醒他们低调谦虚，完善自我。这样才能使他们的价值最大化发挥。

147. 不要助长告密的风气

在企业中，难免有一些员工爱打小报告，他们有话不明着说，而是暗中添油加醋，想方设法传到管理者耳中。不管这种做法出于何种目的，都与"光明磊落"相差甚远。作为管理者，决不能放纵打小报告者、告密者，否则，企业难以形成公正的风气。在这一点上，"红顶商人"胡雪岩可谓给大家做出了榜样。

当年在做药材生意时，胡雪岩属下一名采购员在进购虎骨时，错把豹骨当成虎骨，而且进货数量较大。这名采购员的副手立即向胡雪岩打小报告，想借此机会挤掉正手，好让自己成为正手。

胡雪岩得知此事后，当即决定全部销毁豹骨。然后，他拍了拍那位采购员的肩膀，说："忙中出错，在所难免，以后小心就是了。"

最后，他把那个告密的副手开除了。理由是，出了问题应该公正地向老板汇报，而不应该在背后打小报告、打小算盘，否则，很容易激化内部成员矛盾，把生意搞垮。

对待告密者，胡雪岩采取了冷酷无情的处理方式，理由是绝不助长告密的风气。这种处理方式看似严厉，但企业内部一旦经历了这样一件事，相信往后谁也不敢心怀不轨地告密、打小报告了，这就叫"杀一儆百"，所起到的效果是非常明显的。

俗话说："来说是非者，必是是非人。"对待是非之人，难道还要热情招待吗？也许你做不到像胡雪岩那样将告密者扫地出门，但起码你要提醒告密者：希望有事你能客观、公开地陈述，不要添油加醋、暗中打报告。

管理心得

人与人之间，是是非非是难免的，如果对待员工暗中打小报告、告密不严厉制止，那么，企业可能会被搅得一团糟。因此，当下属有向你告另一个下属的"秘密"、打别人的小报告等行为时，应该冷静处理，坚决不要助长告密的风气。

148. 不要让酒色误了你的事业

有些管理者在企业位高权重，变得骄奢淫逸、不务正业、迷恋酒色、贪图享受，自己不履行职责，也不舍得授权给他人，导致企业管理混乱。"烽火戏诸侯"的故事想必大家都听说过，说的是西周时的周幽王，整天沉浸在酒池肉林和美色之中，为了博得宠姬褒姒一笑，竟然点燃了烽火台，戏弄了诸侯。褒姒看了果然哈哈大笑，周幽王也很高兴。因此，又多次点燃了烽火，到后来，诸侯们都不相信了，对周幽王早已失去了信任和支持。

身为企业的当家人，身系企业的命运，如果因酒色误了事业，那就太得不偿失了。因为当一个人沉湎于酒色之后，他就很难找回积极进取的心态，而是信奉赚钱是为了享受，继而更加放纵自己。酒色就像鸦片，一旦沉湎其中，是会上瘾的。所以，管理者要与酒色保持距离。之所以要与酒色保持距离，是因为身为管理者，难免要与客户、生意伙伴应酬，在酒桌之上，或多或少还是会喝酒的。但会喝酒不等于沉迷于其中，这一点要明确于心。

管理心得

无论你在酒桌上是什么样的姿态，你都不能忘了，作为企业管理者，还有很多重要的事情等待你去做，因此，美酒饮到微醉处，好花开到半开时，适度即可，千万不要因酒色误了事业。

149. 千万不要搞办公室恋情

"男女搭配，干活不累。"这话一点都不假，因为在男女搭配干活中，还可能擦出"爱情"的火花，这可是一个让人心动的名词。身为管理者，也许你无法防止员工之间发生恋情，但你可以不让办公室恋情发生在自己身上。

公司是紧张有序的工作场所，而非卿卿我我、花前月下的公园。如果你轻率地与女下属搞办公室恋情，即便你们保密工作做得再好，有一天也会被其他人发现。到那时，你的领导威严和公信力恐怕都会受到质疑，大家会认为：你以职权之便"诱骗"女下属，试问，你如何去解释呢？如何去面对呢？

60多岁的哈里·斯通塞弗是波音公司的CEO，在工作中，他与女下属皮博迪发生了办公室恋情。由于波音公司是备受瞩目的企业，这件事一经曝光，斯通塞弗便因性丑闻而丢掉了年薪110万美元的饭碗。这件事发生之后，斯通塞弗的妻子向法院递交了离婚申请书。另据《纽约邮报》称，斯通塞弗失去的不仅仅是工作，还有高达3800万美元的股票。

身为管理者，如果你与女下属发生恋情，等于为公司招惹了"性骚扰"的罪名，别人很难相信你们的恋情是两厢情愿的。所以，不要去触碰办公室恋情，那是一个可怕的"雷区"。

管理心得

在办公室与女下属发生恋情，你就难以公正无私地对待你的"恋人"。如果你真心想和女下属走到一起，不妨商量一下，某一个人离开公司或许是更好的选择。

150. 警惕那些时刻想引起你注意的女性

很多男性管理者都喜欢找女下属作为自己的工作搭档，甚至会有意识地聘用女性员工，一方面上班时可以赏心悦目，另一方面可以找到机会吃女下属的"豆腐"，占女下属的便宜。

当男性管理者打着小算盘时，女性下属也会打自己的小算盘。如果她们有所企图，比如，想借助管理者的庇护往上爬，那么她们就可能利用女色来吸引男上司，引得男上司不知不觉偏爱她们。殊不知，这是非常危险的。

要知道，职场应该是一个追求公平的场所，管理者应该是一个维持正义的角色。如果你自以为女下属刻意吸引你的注意是你的魅力使然，然后顺着女下属的意愿迁就她、顺从她，做出有违公平的事情，那么势必会引起众怒。

王先生是某公司的总经理，公司里有一位长相甜美的女同事经常黏着他，而他也想方设法地照顾这位女下属。他是怎么做的呢？他不仅在私下，而且在公司的会议上，公开为这位女下属争取利益，可以说已经到了肆无忌惮的地步。

王先生的做法引起了很多下属的不满，有些员工仗义执言，指出了王先生的不当做法，没想到王先生却说："这是我的公司，我爱怎么做，你管不着，看不惯，可以滚！"结果，很多有能力的员工辞职了，公司的运营一下子陷入了停顿中，这时王先生才慌了神……

管理者们，对于那些有意吸引你注意的女性下属，你千万要保持警惕，她们黏着你往往并不是你真的有魅力，而是你的位置有魅力。也许当你沾沾自喜于自己对女下属的吸引力时，有些下属却在背后戳你的脊梁骨、骂你是"色狼"。因此，请与女下属保持距离，尤其要与那些穿着打扮妖艳、性感、露骨的女下属保持距离，以免引起不必要的风言风语，对你的名声造成不好的影响。

管理心得

管理者在与女下属打交道的过程中，有必要注意一些方式方法，比如，不要随便到女下属的家里去，最好在有第三人在场的时候与女下属谈工作，不要单独与女下属去娱乐场所，言行举止要注意分寸。一旦发现女下属有挑逗性、引诱性的言语，就要及时转移话题，而不要给对方可乘之机。

151. 不要偏袒女下属

众所周知，女性相对男性而言，是公司的弱势群体，对于那些重体力活，比如，搬办公桌、搬大件的办公器材等，女员工无法胜任，这个可以理解，不必强求女员工去做。但女员工搬不动办公桌，可以帮忙搬几把椅子，搬不动大件的办公器材，可以搬小件的东西。管理者有必要妥善分配任务，尽可能做到服众。

某公司的老板是个地道的"色狼"，之所以这么说，是因为他特别偏袒女员工。女员工上班迟到了，他说："女孩子爱睡懒觉，上班迟到几分钟没关系。"女员工下班早退，他说："女员工要回家照顾孩子，早走几分钟关系不大，只要工作完成了就可以。"女员工上班吃零食，影响周围同事工作，他却说："女人天生爱吃零食，上班吃零食没什么大不了的。"

别看这些是小事，但带来的影响却很坏。因为女员工破坏了公司的公平，破坏了公司的办公制度。这引起了男同事的极大不满。

退一步说，这些小事不去计较也就算了。还有些事情让男员工们更不能接受，比如公司规定：女员工不用打扫卫生，公司的卫生工作由男员工负责。男员工非常不满，打扫卫生又不是什么重体力活，女员工同样可以做，凭什么她们可以不打扫卫生？但是老板对此并未给出合理的解释。

为什么男性管理者喜欢有意无意地照顾女员工呢？这可能是男人天性中，对女性的怜香惜玉心理使然。男人总认为女人是弱势群体，但是当女人大喊"男女平等"时，管理者怎么不去想一想：女人并非弱势群体呢？

关照女员工是应该的，但要看在什么事情上关照她们，关照她们的出发点应该是把公司氛围搞得更融洽，而不是搞得男同胞们不愉快。尤其是涉及公司制度时，一定要坚持"制度面前，人人平等"，这一点决不允许动摇，否则，制度的约束力何在？企业公平感何在？

管理心得

在企业管理中，讲究一视同仁，人人平等。管理者在对待老员工和新员工时，要一视同仁。在对待男员工与女员工时，也要一视同仁。切记，不要没有原则地偏袒女员工。

152. 平等对待下属，一碗水端平

有这样一个案例：

一家公司开会时，老板刚宣布员工小张由于违反公司制度而要遭受处罚的决定，小张就马上表示抗议。老板斥责道："你违反了公司制度，还有什么好说的？"

小张大声说："违反公司的制度当然要按制度处理，这一点我没有任何意见。但我不理解的是，半个月前胡主管同样违反了公司的制度，和我犯的错一样，为什么当时你没有处罚他？现在我违反了公司的制度，你却要处罚我，你这是偏袒他啊，叫我怎么服气？"

老板听了这话，脸色显得很难看，他稍稍停顿了一会儿，说："这个制度上个月才宣布，胡主管是制度宣布后第一个违反制度的，我当时就说了，念胡主管是制度推出后的首犯，所以宽容他一次，但是下不为例，今后谁违反了制度，都要受到处罚，难道当时你没听到我说的话吗？"

小张更加气愤了，他说："为什么胡主管第一次违反制度可以不接受处罚，而我第一次违反制度却要受处罚？我也是第一次啊，要么每个首犯都要宽容，否则，我不服气！"

就这样，一场会议因争论处罚是否公平而中断，搞得老板和员工都非常不愉快。

老板念胡主管是制度出台后的首犯，于是宽容了他，结果在小张违反制度时，却要处罚他，这是典型的一碗水端不平，难怪小张不服气。同样是下属，为什么却有不同对待？这样一来，怎么体现出制度的公平性，怎么能将制度有效执行下去？

作为管理者，当制度出台之后，应该严格执行，无论谁违反了制度的规定，都应该一碗水端平地去处理。这样才能体现出公平，才能服众。

还有一种一碗水要端平的情况，那就是当员工之间发生矛盾、产生分歧时，管理者应该本着客观、公正的姿态来调解。这样才能赢得员工的爱戴和信赖，才能激发员工的工作积极性，促进企业健康向前发展。

每个人内心都渴望受到公平对待。在处理公司事务时，无论是奖惩，还是人事安排，管理者都应该秉着公平、公正的原则。尤其是当管理者涉入其中时，更应该保持公正，这样才能赢得人心。

管理心得

公司对员工而言，就像是一个大擂台，员工在擂台上较量，应该凭真才实干去获胜。这样员工才会积极献计献策、贡献力量。管理者就像裁判，保持公正是一种职责，只有一碗水端平，才会得到信任和拥护。

153. 不要逢人就诉说你的困难与遭遇

很多管理者喜欢在别人面前诉说自己公司的一些事情或困难。如，我的下属真的很糟糕，一天到晚总想着偷懒，我都不知道该怎么管他们；我们公司最近的业绩很差，真不知道怎么搞的；最近失去了好几个大客户……很多管理者都有这个毛病，他们不明白，逢人就诉说自己的困难和遭遇，对解决困难没有任何帮助，只会使人觉得他们无能。在这一点上，我们不妨来看一个例子：

有个男人在 50 岁时，公司破产了，他不得不到处举债，到最后，把能借的钱都借了，几乎到了走投无路的地步。但出人意料的是，他从来没有向任何人抱怨过，甚至连半句困难都没跟妻子提过。

虽然他口袋里没钱，但是他每天仍然穿着西装、打着领带、拎着公文包去上班，他没有被失败击垮。没过多久机会来了，他在台湾创立克丽缇娜，用了 17 年时间把克丽缇娜打造成一个成功的直销商，并使近 3000 家克丽缇娜美容连锁店如雨后春笋般在中国各大城市街头出现。

即使有一天你破产了，也不要逢人就诉说你的痛苦与遭遇。即使你打开公司的门，里面只有一个人，也要每天穿得像一个成功者那样去上班。这才是一名管理者所应具备的勇气和态度。

管理心得

内心强大的管理者在困境面前，绝对不会选择抱怨、诉苦和消沉，而是以一颗平常心去面对，他们坚信困难是暂时的，因此，他们不会逢人就诉说自己的不幸遭遇。所以，当你遇到困境时，试着保持乐观，而不要消极沮丧、逢人就诉苦。

154. 在背后说别人的好话

喜欢听好话是人的天性，来自他人的赞美能够使人的自尊心、荣誉感得到满足，使人获得精神上的愉悦和鼓舞。但是当面说人好话，说多了往往会被人视为一种假惺惺的恭维，不一定能取得很好的效果。因此，高明的办法是在背后说人好话，让第三者把好话传到当事者的耳朵里，这样会使当事者为之振奋，他会深信你的赞美源于真心，他也会对你产生好感。

在第三方面前说别人的好话，是收买人心的最有效的方法。某公司的总经理发现新来的员工小刘对自己似乎有些不满——他和小刘说话时，小刘漫不经心、爱答不理。小刘迟到了，总经理批评他，他还一脸不服气。为了改善和小刘的关系，总经理在另一位员工面前说了小刘几句好话："小刘这人真不错，工作能力比较强，上班时非常认真，公司有这样的员工，真是一种幸运。"很快，这几句话就传到小刘的耳朵里。小刘心里不由得有些欣慰和感激，而总经理在小刘心目中的形象也高大起来。从那以后，小刘明显改变了对总经理的态度。

在背后说别人的好话是赢得人心的重要细节，会被人认为是发自内心的赞美，不带任何个人动机的，其效果远胜于当面赞美别人。在背后说人好话，还可以给人更多的激励，使人更加信任你。

在背后说人好话，更能显示出你的胸怀和诚实，在激励人心方面可以取得事半功倍的效果。如果你想赢得员工的好感，不妨在第三者面前夸赞下属，一旦被夸的下属听到你的背后赞扬，对你的好感一定会大增。

155. 告知员工坏消息的技巧

在管理中，总有一些坏消息要传达给员工，比如公司裁员、减薪或惩处等。坏消息的起因有两种，一种是环境、公司造成的，与员工个人没有直接关系；另一种坏消息是员工个人造成的，比如，工作表现不佳、人际关系糟糕或私人行为不检点等，与公司的期望存在较大的差距。

对于第一种坏消息，管理者不妨开诚布公地向员工说明公司的决定。在宣布时，要清楚、详细地解释决策的原因，这样当事人才不会感到惊愕，不会误以为公司的坏消息是针对其个人的。

当管理者传达坏消息之后，当事者在情绪上可能会产生不良的反应。这时管理者应该以客观、心平气和的态度给当事者建议和劝告。这个时候管理者应该扮演当事者的朋友，设身处地地引导他，这样当事者会觉得有被尊重的感觉，事情进展就会变得顺利。

对于第二种坏消息，管理者在传达时要以理性说明为主，感情抚慰为辅。要知道，既然坏消息必须要传达给下属，不妨直接和当事者讲明，对方有哪些过失、为什么公司要处罚他、未来应该如何改善。在传达消息之后，管理者需要扮演当事者朋友的角色，与他一起讨论下一步该怎么做，或是未来有怎样的计划。

即使你平常是一位板着脸、威严型的管理者，在这个时候也应该放下身段，用感性的方式与当事者心平气和地沟通，让对方情绪稳定下来。比如，有位员工平时表现很好，但在一次作业时处理不当，给公司造成了较大的损失，公司决定扣除他20%的奖金。上司在向他传达这一消息时，首先肯定了他一贯的出色表现，但失误是难免的，由于给公司造成了损失，所以公司才会处罚他。这样一来，员工就比较容易接受了，因为员工知道公司并未因为他的一次失误而全盘否定他为公司做出的贡献。

管理心得

传达坏消息是有讲究的，怎样把坏消息传达给员工，又能让员工平静地接受，这是管理者要考虑的问题。在传达坏消息时，要本着"先理性，后感性"的原则，既要把坏消息解释清楚，又要安抚好当事者的情绪，这才是有效的传达。

156. 以领导者的热忱影响下属

任何一个团队，在热忱的领导者的带领下，都能产生强大的团队凝聚力。热忱是一种积极的态度，一个对工作充满热忱的领导者，不论从事什么工作，不论遇到多大的困难，始终都会以积极的心态去面对，抱着这种态度的领导者，终究会达到预定的目标。所以，管理者的热忱对企业的发展十分重要。

爱默生曾经说过："有史以来，没有任何一项伟大的事业不是因为热忱而成功的。"热忱是一种意识状态，具有极大的感染力，能对周围的人产生重大的影响。优秀的领导者就善于用自己的热忱去感染和影响下属，使大家充满战斗的激情。

张瑞敏在谈到海尔集团的管理经验时，曾说过这样一段话："多年以来，海尔取得了长足的发展，应该说这是企业文化的成功。在海尔，培养人才靠的不是'相马'而是'赛马'，所谓的赛马，指的是在工作中，员工彼此间就像一匹匹充满激情的战马，在相互比赛中迸发激情，取得进步。在晋升方面，员工完全凭借自己的表现来上任，竞争不上是员工自己的问题。如果员工认为公司存在不公平，可以提出来。总之，海尔集团就像一个赛马场，海尔集团是一个充满活力的团队。在这里，我们的干部平均年龄只有 26 岁，充满了朝气。正因为领导干部充满朝气，我们才会很好地影响普通员工。"

优秀的管理者知道，热忱不只是一个空洞的名词，而是一种重要的力量。管理者如果失去热忱，就如同花儿失去了阳光和雨露，团队将会萎靡不振；就如同汽车没油，随时都可能抛锚。可以说，热忱是企业发展的源动力，没有热忱，管理者的能力就发挥不出来。因此，管理者一定要充满热忱。

管理心得

当一个领导者充满热忱时，下属就能从他的眼神里，从他敏捷的步伐中，感受到一种活力和斗志，从而受到感染。热忱可以改变一个人对他人、对工作的态度，也能改变别人对他的态度。因此，管理者要永远保持一颗热忱的心去实现目标。

157. 让公司成为温暖的大家庭

在公司中，管理者与员工并不只是雇主与雇员、领导者与被领导者的关系，他们之间更是家人的关系。大家在一起共事，只有职位的不同，而没有高低贵贱之分，大家应该在一个民主的氛围中，为企业的发展共同努力。

有一家集团公司每两个月就会搞一次会餐，虽然饭菜没有什么特别的，只是一次自助餐形式的聚餐，但是，公司要求员工把家人和孩子都带来参加。聚餐地点在公司的食堂内举行，在那里，大家可以无拘无束地享受自己喜欢的食物，开怀畅饮，公司的领导也会和员工一起举杯，感谢他们为公司做出的贡献。

家属们在享受美食的同时，还会领到公司赠送的纪念品。当每个小家庭都融入这个大集体之后，员工们从自己家人的脸上感受到了公司对自己的重视，也意识到了自己在这个大家庭中所扮演的角色和重要性。

这家企业的领导者是聪明的，他们通过重视员工的家人来表达对员工的重视，他们通过聚餐的形式和员工实现了很好的交流和互动，拉近了员工们的心，把大家团结在一起。这种做法把公司营造成温暖的大家庭，极大地增强了企业的凝聚力。

在现代企业中，每一个成员的内心深处都有一种强烈的愿望，希望成为企业的主人，渴望主宰自己的命运。因此，管理者不能再用专制的手段管理企业，而要把所有员工视为家庭成员，视为兄弟姐妹，和大家一起努力铸就温暖的大家庭。这样，大家才会对企业充满归属感、主人翁精神，才会开心地为企业作贡献。

管理心得

员工对企业而言，不只是雇员，更应该成为大家庭的一分子。只有当企业让员工感受到家庭般的温暖时，员工才会把自己当成企业的主人，把工作当成事业去对待，这样企业成员彼此间才能相互信任和支持。